普通高中信息技术教学指导丛书

信息素养·数字化学习与创新

熊　璋　杨晓哲　编著

PEOPLE'S EDUCATION PRESS
人民教育出版社
·北京·

图书在版编目（CIP）数据

信息素养·数字化学习与创新/熊璋，杨晓哲编著．—北京：人民教育出版社，2020.6

（普通高中信息技术教学指导丛书）

ISBN 978-7-107-34440-4

Ⅰ．①信…　Ⅱ．①熊…　②杨…　Ⅲ．①计算机课—高中—教学参考资料　Ⅳ．①G633.673

中国版本图书馆 CIP 数据核字（2020）第 083117 号

本套丛书是上海市“立德树人”人文社会科学重点研究基地——信息科技教育教学研究基地研究成果。

责任编辑：梅栾芳

美术编辑：李　媛

普通高中信息技术教学指导丛书　信息素养·数字化学习与创新

出版发行	人民教育出版社 （北京市海淀区中关村南大街 17 号院 1 号楼　邮编：100081）
网　址	http://www.pep.com.cn
经　销	全国新华书店
印　刷	人民教育出版社印刷厂
版　次	2020 年 6 月第 1 版
印　次	2020 年 7 月第 1 次印刷
开　本	890 毫米 × 1240 毫米　1/32
印　张	4
字　数	80 千字
定　价	21.80 元

序一

2003年，教育部颁布《普通高中技术课程标准（实验）》，信息技术作为一门独立开设的课程，正式进入我国高中课程体系。2013年，教育部基教二司（即后来的教材局）开始调研并组建各学科课程标准修订专家组，启动了工程浩大的普通高中各学科课程标准修订工作。记得是在2014年12月7日召开的普通高中课程标准修订工作启动会上，我结缘了同为专家组成员的北京航空航天大学计算机专业的熊璋教授，并从此开始了多年的合作。

毋庸置疑，信息技术作为一门独立的普通高中课程，对推动我国普通高中信息技术教育的发展、提升高中学生的信息素养、帮助他们适应信息时代的学习和生活，发挥了至关重要的作用。在课标修订工作启动之初，我们面临的是，数字技术在多年的发展中取得了革命性进展，云计算、移动互联、智能终端、大数据、人工智能等技术应用进入人们的日常生活，改变了知识获取、社会交往等学习、工作和生活的方式，课程实施的外部条件和内部动力都发生了巨大改变。客观上，我们对“信息素养”的理解需要调整和更新，达成新的共识。长期以来，信息技术课程教学实践被诟病为软件步骤操练与基本知识记忆，使得我国数字化人才培养的路子偏离为培养计算机操作工，这种现象迫切需要得到纠正。学科概念的界定亟须跟上时代的发展，知识体系应该更加完善。只有这样，高中信息技术课程体系设计才具备可靠的学术保障，信息技术学科才能解决“立身”的问题。

在课标修订过程中，我们总结了过去十多年来高中信息技术课程实施中的得与失，在发展中国学生核心素养的总体指导下，借鉴国内外的先进理念和经验，提炼学科核心素养，界定学科大概念。在此基础上，设计课程结构、课程内容，提出学业质量要求与实施建议。在每一个工作阶段，作为一名活跃在计算机应用领域、参与过许多重大项目的顶尖专家，熊璋教授站在专业人才培养和全民信息素养提升的角度，都力主一定要将最能反映学科特性的知识和素养落实在课标中。凡是涉及计算机学科概念的部分，多数情况下组内专家都会不约而同地请他把关，力求保证科学性与严谨性。这时的他，在我眼里是一位对科学真知孜孜以求的科学家。

随着2018年1月《普通高中信息技术课程标准（2017年版）》的正式颁布，课标修订工作告一段落。熊璋作为课标组核心成员，经常被邀请到各地对一线教师进行指导；同时，他被聘为国家教材委员会科学学科专家委员会委员，开始了普通高中信息技术教材的审查工作。在这期间，他经常和我联系，谈及在交流与审查过程中遇到的各种问题。例如：对学科素养的理解不到位，对学科各级概念的认识模糊，淡化软件操作等基本应用后的教学迷航，对算法的强调使教学中出现了培养“码农”的苗头，新内容缺乏有效的教学案例，等等。熊璋认为这些问题最终会影响如何培养信息时代“原住民”的信息素养，乃至如何落实立德树人的教育目标。熊璋教授是个急性子，想到这些问题就心急如焚。近期，他已经把这些思考组织成系统表述，在人民网连续刊载呼吁：《编程热引发思考：推动信息素养教育刻不容缓》《稳步推进信息素养教育，大胆尝试科学的评价》《普通高中信息技术课程不是培养“码农”的教育》《充分利用人工智能促进教育公平》等，提醒有关部门和公众认识真正的信息技术教育。这时的他，在我眼中是一位专注于传播与普及信息技术的科学教育家。

熊璋并未止于呼吁，同时，他撸起袖子开始编写一套既能解读课标内容，又能辅助教师教、学生学的指导丛书。他组织了课标组里年轻的专家，大学计算机、通信专业的年轻教授，以及一线教研员、教师，共同编写了这套丛书。书中列举了大量翔实的案例，从人们所处的信息时代入手，第一次从从容感、幸福感、使命感、危机感四个方面阐述了学科素养的育人价值；以信息技术学科的核心概念和学科逻辑为依托，厘清了课标中各知识点之间的关联。希望师生们在阅读这套丛书后，不但能更好地理解新课标中要求的学科内容，还能将信息素养的理念融会于心。

我觉得，基础教育中信息技术学科这几年的一大收获，是得到了像熊璋这样的大学相关学科领域专家的深度投入。他们对于人才培养的站位高，对于学科知识的把握系统且精准，对于学科实践理解深入，这些都是基础教育信息技术学科保障课程质量、保持发展活力的重要源泉。衷心希望有更多的熊璋投入服务基础教育的工作中来！

任友群

2019年7月

序二

立德树人的教育目标如何落到实处?

素质教育的教育理念如何变为现实?

教育如何适应信息技术的高速发展?

普通高中信息技术教育如何培养全体学生的信息素养?

普通高中信息技术课程怎么教?怎么学?

上述问题是信息技术课程实施中比较突出和集中的问题。身处科学技术,尤其是信息技术推动社会巨大进步的时代,公民的信息素养与人文素养、科学素养同等重要。信息素养是信息社会的公民面对信息发展、信息文明、信息冲击时,保持从容感、幸福感、危机感和使命感的源泉。

2018年年初,我国颁布了《普通高中信息技术课程标准(2017年版)》,信息技术课程作为一门提升青少年的信息素养水平、增强新一代在信息社会中的适应力与创造力的基础性科学学科,不再只关注打字、软件操作等基本应用,也不是认准一种语言只关注编程技巧。面对这种变化,普通高中一线教师怎么教、学生怎么学的问题必须得到很好的解答,这是出版"普通高中信息技术教学指导丛书"的初衷。

丛书第1册《信息社会·信息素养》,集中呈现信息社会中信息素养的重要性,基于对信息社会特征的分析,描述信息素养的内涵,明确信息素养教育是提高学生数字化胜任力的必由之路。

丛书第2册到第5册,重点讲解信息素养的四个维度:信息意识、计算思维、数字化学习与创新、信息社会责任,包括信息素养的内涵、育人价值,关键是落实到怎么教、怎么学等内容上。

丛书第2册《信息素养·信息意识》，结合实际案例和真实的教学情境，解读信息意识的内涵和意义，解决了“信息意识怎么教”的问题，帮助教师将信息意识教学落到实处；回答了“信息意识怎么学”的问题，告诉学生如何提升自己的信息意识。

丛书第3册《信息素养·计算思维》，通过典型情境，解读具体到抽象的内涵与过程；针对不同问题，介绍从形式化到建立模型的思维方法；结合实际情形，揭示自动化本质；追求鲁棒性，传递容错观念；分解步骤，突出递归价值，说明计算思维如何教。指导学生从日常生活中感知、在实际问题中运用、在跨学科创新中迁移计算思维。

丛书第4册《信息素养·数字化学习与创新》，通过创设数字化学习环境，创新多样教学策略，基于真实情境的产品设计，关注跨学科解决问题，建议数字化学习与创新怎么教，指导学生如何感知、体验、迁移数字化学习与创新。

丛书第5册《信息素养·信息社会责任》，建议超越“说教”的教学组织方式，紧密结合案例，指导学生辨析信息社会责任，使其具有同理心，能扬善避恶，从自身做起，传递正能量，践行信息社会责任。

丛书第6册和第7册，围绕必修模块1“数据与计算”展开，其中第6册《数据与计算·课程设计指导》系统介绍了“数据与计算”相关的核心概念、学科逻辑和教学设计，目的是为教师提供教学设计与实践的方向感和支撑点。第7册《数据与计算·情境与案例》则是一个相关的案例集，详细介绍情境与案例的选择原则和分析角度，探讨典型案例在教学中的运用，针对不同层次、不同区域的师生，提供了多样化的情境与案例。

丛书第8册和第9册，围绕必修模块2“信息系统与社会”展开，其中第8册《信息系统与社会·课程设计指导》系统介绍了“信息系统与社会”

相关的核心概念、学科逻辑和教学设计，目的是为教师提供教学设计与实践的方向感和支撑点。第9册《信息系统与社会·情境与案例》则是一个相关的案例集，详细介绍情境与案例的选择原则和分析角度，探讨典型案例在教学中的运用，针对不同层次、不同区域的师生，提供了多样化的情境与案例。

丛书第10册《核心概念解析》是一本工具书，详细解读了本学科的核心概念，包括基本内涵和主要特征等，期望老师和同学不会被一些错误的概念引导。

为了这套丛书的编撰，我们集中了大学计算机学科教授、大学信息技术课程与教学的教授、中学教研员和中学特级教师，在一年多的时间里，不断讨论、推敲，就是希望能给一线教师提供一个面对新课标时靠得住的抓手。

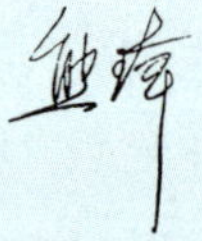

2019年6月

前言

毫无疑问，我们与学生一起身处快速变化的时代。

辗转反侧，我们满怀对人工智能的憧憬又夹杂着忧虑。

毋庸置疑，我们期待学生拥有更美好的明天，这也是教师的使命所在。

2018年年初，我国颁布了《普通高中信息技术课程标准（2017年版）》，将普通高中信息技术课程定位为一门旨在全面提升学生信息素养，增强学生信息意识、发展学生计算思维、提高学生数字化学习与创新能力、树立学生正确的信息社会价值观和责任感的课程。

信息技术已然深刻地影响着人们的学习、工作和生活，催生了现实世界与虚拟世界并存，更为丰富、多元的现代社会形态。如何培养数字化时代学生的信息素养，成为每一位信息技术教师思考的核心问题。

高中信息技术学科的四个学科核心素养——信息意识、计算思维、数字化学习与创新、信息社会责任，成为贯穿信息技术教学的核心目标，本书将重点放在其中之一——数字化学习与创新素养上。

对新课标提出的学科核心素养，不少教师存在一定的困惑：有些教师觉得学科核心素养与信息技术的实际课堂教学之间的关系并不紧密，有些教师不知如何在教学中培养学生的学科核心素养。这些问题棘手而迫切，如何正确理解核心素养的内涵，怎么教，怎么学，这些正是本书探索的目的所在。

本书的第1章，重点论述了“数字化学习与创新”作为信息技术学科核心素养之一，其内涵是个体通过评估并选用常见的数字化资源与工具，有效地管理学习过程与学习资源，创造性地解决问题，从而完成学习任务，形成创新作品的能力；将数字化学习与创新的内涵概括为适应数字化环境、利用数字化工具、开展数字化协同创新、推动信息技术革新；明确了“数字化学习与创新”让学习者获得从容感、幸福感、危机感与使命感是其重要的育人价值。

第2章，针对“数字化学习与创新”核心素养如何在教学中展开进行了阐述，即怎么教“数字化学习与创新”核心素养，介绍了创设数字化学习环境、创新多样教学策略、设计基于真实情境的产品、关注跨学科解决问题等教学方式。

第3章，从学生的角度、学习的视角探讨“数字化学习与创新”核心素养怎么学。本章分别从三个方面探讨：感知数字化时代的学习与创新，尝试进行数字化学习与创新，运用迁移思维、创新改变世界。如今的数字化学习与创新，已经完全不同于过去，不仅仅是把信息技术作为工具来使用，而且是融合数据、算法、信息系统进行改变世界的创造。

这本书得以完成，要感谢编写团队的思想碰撞与全力合作。团队带头人熊璋教授给予丛书编写团队的智慧点拨与指导，让本书有了质的飞跃；团队成员齐心合作，直面本质问题，使得编写过程也成为一次数字化学习与创新；感谢梅栾芳编辑的专业支持，让本书增色许多。

因信息技术更新快、领域广，大量案例也有待进一步的教学实践和迭代发展，书中难免有不足与疏漏之处，恳请读者朋友批评指正。期待本书能够激发广大教师朋友进行更多的实践探索，让我们携手一起推进信息技术课程改革创新，为培育每一名学生面向未来的信息素养而努力。

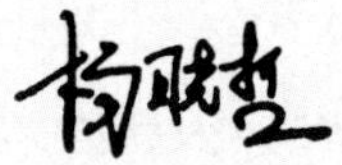

2019年12月

目录

目录

第1章
“数字化学习与创新”详解

普通高中信息技术课程是一门旨在全面提升学生信息素养、帮助学生掌握信息技术基础知识与技能、增强学生信息意识、发展学生计算思维、提高学生数字化学习与创新能力、树立学生正确信息社会价值观和责任感的课程。

“数字化学习与创新”作为信息技术学科核心素养之一，可将其内涵概括为：①适应数字化环境；②利用数字化工具；③开展数字化协同创新；④推动信息技术革新。

第1节 “数字化学习与创新”的内涵

普通高中信息技术课程围绕高中信息技术学科核心素养，精炼学科大概念，吸纳学科领域的前沿成果，构建具有时代特征的学习内容；课程兼重理论学习和实践应用，通过丰富的任务情境，鼓励学生在数字化环境中学习与实践；课程倡导基于项目的学习方式，将知识建构、技能培养与思维发展融入运用数字化工具解决问题和完成任务的过程中；课程提供各种学习机会，让学生能够参与信息技术支持的沟通、共享、合作与协商中，体验知识的社会性建构，增强信息意识，理解信息技术对人类社会的影响，提高信息社会的责任感，从而培养学生成为具备较高信息素养的中国公民[1]。

“数字化学习与创新”作为信息技术学科核心素养之一，其内涵是：个体通过评估并选用常见的数字化资源与工具，有效地管理学习过程与学习资源，创造性地解决问题，从而完成学习任务，形成创新作品的能力。具备数字化学习与创新素养的学生，能够认识数字化学习环境的优势和局限性，适应数字化学习环境，养成数字化学习与创新的习惯，掌握使用数字化学习平台和各种学习工具的方法，以及获取和应用学习资源的技能，用于开展自主学习、协同工作、知识分享与创新创造，形成终身学习的能力。

因此，可以将数字化学习与创新的内涵概括为：①适应数字化环境；②利用数字化工具；③开展数字化协同创新；④推动信息技术革新。

一、适应数字化环境

进入21世纪以来，信息技术的发展使人们开始习惯于获取与应用数字信息，开展协作创新。信息技术已然改变了人类社会的工作方式、生活方式和学习方式。近年来，随着无线通信技术的快速迭代升级，移动技术得到广泛应用，与此同时，智能手机的普及使得数字化信息触手可及，信息以数字化的形式普遍存在，已然成为信息化时代的主要特征。

身处数字化时代，无论学生还是教师都要主动适应数字化环境。从20世纪末计算机逐渐普及，互联网开始连接全球公民，人类社会到现在已经发生了翻天覆地的变化。如今已不再是单向传输、被动接收的Web 1.0时代，而是已经进入双向互动、多元交融的Web 2.0时代，并正在走向新型人机互动、语义识别、智能融合的Web 3.0时代。

互联网像电力系统一样，成为新的底层设施。如今，几乎没有人会拒绝使用电力，却还有很多人在犹豫、排斥、矛盾中不愿意使用互联网。在他们的认识中，互联网就像“洪水猛兽”一样，带来了太多不可控因素，存在着太多诱惑和误区。然而，一味地逃避数字化环境是无法面向未来解决问题的，只有适应数字化环境，不断融入其中，才能够与时俱进，开拓创新。互联网、物联网、机器人、虚拟现实、人工智能等新兴信息技术将引发一系列的变化，这些变化将催生一个新的生态系统，人类将进入一个新的数字化世界。时代的发展是迅速的，人们需要主动去适应数字化时代，也只有自觉参与其中，才不会被时代所淘汰，不会在新时代的生活、学习、工作中失去自我。

案例

案例 1.1-1　数字化时代，人们每天“创造”了多少数据

截至2018年年底，我国网民规模达到8.29亿，全年新增网民5653万，互联网普及率达59.6%，较2017年年底提升3.8个百分点，超过全球平均水平（57%）2.6个百分点。手机网民规模达8.17亿，较2017年年底增加6433万。每个人每天都在产生大量数据，不仅仅是文字、图片、声音，还有视频等富媒体数据（图1.1-1）。

图 1.1-1　每个人每天都在产生数据

（参考自《中国互联网发展报告（2018）》，中国互联网协会，2019-07-11）

这些数据反映出数字化时代的鲜明特性，每个人不仅仅是数据的接收者，也是数据的生产者与创造者。人们每天都在创造各种各样的数据，在这些数据的基础上构建起数字化社会，只有适应数字化环境并参与其中，才能够对这个数字化时代有一个更合理、更全面的理解。从某种程度上讲，一个

人对于一个领域的理解，取决于这个人对于该领域数据的敏感和数据有效性及承载信息的判断。人们被数据、信息、知识所包围，倘若只是充当数据的接收者，就无法参与数字文明进程，只有不断地感知、体验，并参与其中，才能融入数字文明。无论是“数字土著”，还是“数字移民”，都需要在接收数据、生产数据、运用数据的过程中不断适应新的变化，习得数字化学习与创新的素养。

二、利用数字化工具

生活在这个信息时代，各种各样的数字化工具扑面而来，人们要选择与运用数字化工具开展学习与创新活动，从而改变习惯，养成利用数字化工具、资源与平台的习惯，成为终身学习者。从懂得使用生活中各种各样常见的工具（包括社交平台、购物网站、订票系统等），到初步体验各式各样的资源，不断学习各类技能（包括编程、设计算法和数据结构等），再到充分利用数字化平台，不断开展创新实践，进而使用各种各样的开源软硬件和数字化生产工具（如三维打印、激光切割、虚拟现实）。总之，“利用数字化工具”是数字化学习与创新内涵的重要过程，人们需要与他们无穷想象力合拍的数字化工具，并充分利用，发挥其无限的价值。

案例

案例 1.1-2　再小的个体也有自己的品牌

微信是腾讯公司于2011年1月推出的一款即时通信社交软件。目前，中国94% 以上的智能手机安装了微信，每个月活跃用户达108 250万。人们每天使用微信发出近450亿条消息，用户群体覆盖200多个国家或地区，涉及20多种语言。此外，各种各样的品牌微信公众号数量已经超过1000万，微信支付用户超过4亿。

短短几年的时间，微信从无到有，并深入人们的工作、学习、生活的方方面面，微信“连接一切”的愿景逐步成为现实。

（参考自《2018微信年度数据报告》，腾讯网，2018-07-23）

除了微信，还有滴滴出行、大众点评、美团、携程旅行、共享单车、抖音短视频等，这些数字化工具快速地出现，还来不及让人们完整、充分地了解，就已经成为人们日常生活中的常用工具，这就是这个时代数字化工具快速变迁的状况。

运用数字化工具是一个渐进的过程，一开始只是尝试使用，然后逐步取代过去某种方式，形成新的习惯，进而重新定义一系列事件。例如，微信作为一种数字化工具，一开始只是通过语音消息的方式逐步替代文字消息，降低了人们打电话的频次，然后通过朋友圈、群组、移动支付等多种方式，构建起连接更多生活场景的新生态。

人们只有进一步利用这些数字化工具，才能更好地融入数字化生态。例如，有人用微信发语音、朋友圈，丰富了人与人的交流方式；有人开设微信公众号，开始自己新的自媒体之旅；还有人用微信开微店，试着经营产品。利用数字化工具的手段、方式与程度的不同，同一种数字化工具产生的价值就会不同，通过该工具习得的数字化学习与创新的素养水平也不尽相同。

案例

案例 1.1-3　半吨硬盘数据，“洗”出黑洞照片

2019年4月，天文学家召开全球新闻发布会，宣布首次拍摄到黑洞照片（图1.1-2）。为了得到这张照片，天文学家们动用了遍布全球的8台毫米/亚毫米波

射电望远镜，组成了一个所谓的“事件视界望远镜（Event Horizon Telescope，EHT）”。从2017年4月5日起，这8台射电望远镜持续进行了数天的联合观测，随后又经过两年的数据分析，才让人们一睹黑洞的真容。

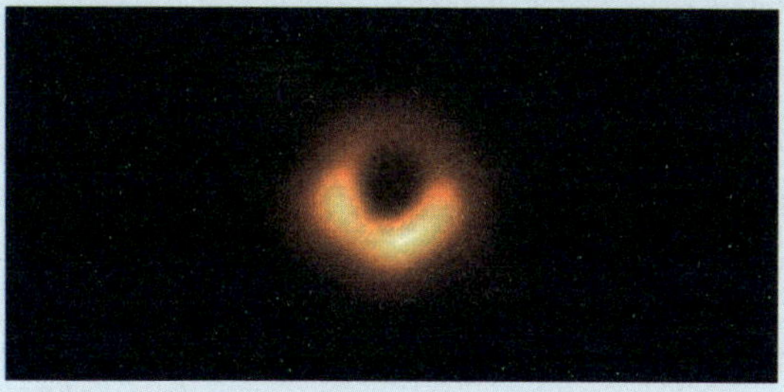

图 1.1-2　黑洞

两年的数据分析到底意味着什么？来自麻省理工学院的研究者凯蒂·鲍曼描述了自己的工作场景：研究者收到了一堆装着黑洞观测数据的硬盘，这些硬盘足有半吨，从世界各地用飞机运来（图1.1-3）。

图 1.1-3　黑洞观测数据的硬盘

（参考自《“洗”出人类第一张黑洞照片》，腾讯网，2019-04-13）

新的学习与创造离不开数字化工具的运用，这种运用不是机械化的搬运，不是从非数字化转化为数字化的简单操作，也不是为了用工具而使用工具的累赘环节。利用数字化工具的过程，是不断面对问题、解决问题，深度挖掘自身潜能的历程。

三、开展数字化协同创新

信息技术打破了信息交流与协作的时空限制。学习者可以通过各种智能终端建立便捷的线上项目研讨群组，随时随地进行讨论；在协作的过程中，可以灵活运用文字、图片、音频、视频等多种方式开展学习；及时将数字化作品分享到社交平台，促进群体的相互学习、共同进步，形成群体共识和群体智慧。

通过信息技术课程的学习，学习者逐渐能够根据不同学习目标、学习领域和学习内容选择合适的数字化协作平台，有效地结合线上与线下的合作交流，开展群体协作学习与共同创新。

案例

案例 1.1-4　学习者也是创新者：从《大英百科全书》到“网络百科全书”

《大英百科全书》又称《大不列颠百科全书》(图 1.1-4)，自 1768 年出版第一卷以来，距今已有二百多年。2010 年的《大英百科全书》售价 1395 美元，精装版，共 32 册，重达 58.5 千克。2012 年，《大英百科全书》正式停止印刷，全部“搬迁”至网络上，采取付费订阅的方式继续留存。

早在 2001 年初，“网络百科全书”项目就开始启动，其特点是“自由内容、自由编辑”。创立之初，“网络百科全书”的目标是向全人类提供自由的百科全书，希望各地民众用自己选择的语言参与编辑条目。如今，网络上已经有不少的网络百科，成为替代《大英百科全书》的新方案。

图 1.1-4　大英百科全书

互联网上的互动百科，采用了每一个人都可以编辑、修改、创造的方式，这种方式颠覆了过去百科全书的知识生产方式，让知识平民化，让每一个词条都可以找到更多、更好的诠释，并不断迭代更新。互联网上新的生产关系诞生了新的生产力，原来知识的学习者，成为知识的创造者。

数字化学习与创新的空间已经拓展到网络空间，呈现一种线上线下混合的新形态。现有教科书的形态受限于纸质载体，对教学的支持往往呈现出单一性。基于互联网的核心素养教学，能够丰富资源形态，运用互联网和各种终端，采用文字、图像、视频、音频、互动媒体呈现教学内容与真实情境，为学生提供生动、直观、富有启发性的学习材料。通过任务引领，引导学生参与针对性的真实情境，通过真实的体验和经历形成自己的经验；同时鼓励学生积极搜索，自主求证信息的真伪性与全面性，采用案例、问题、假设等多种思路组织教学内容，使学习内容与生活实际密切联系；通过多种方式，让学生多维度地深入理解情境，提升学生分析和解决问题的能力，从而形成内化的学科核心素养。

随着虚拟现实技术的发展，学习与创新的空间还在进一步拓展。人们不仅在现实生活中拥有现实社会身份，在虚拟的世界中也拥有另一个虚拟社会身份，协同与创新的时空被极大拓展了。教师要引导学生结合资源与工具，进行自主、合作、探究式学习。基于互联网的教学环境，让教师与学生之间、学生与学生之间以及教师与教师之间能充分交流、平等互动。要形成开放的教学格局，培养学生的学习能力与协作能力，促进学科核心素养的形成和发展。

四、推动信息技术革新

数字化学习与创新的内涵，还体现在更好地认知、理解整个社会与世界，站在推动信息技术革新的角度去洞察、体验、创造的过程。

近年来，随着互联网、物联网、人工智能等相关技术取得了阶段性进展，信息技术正在深刻地影响着政治、经济和文化的各个领域，互联网使得信息的双向传播变得更加快捷。越来越多的人使用互联网相互协作，产生了大量的数字化信息；可穿戴设备实时地捕捉个体的大量信息，物联网让线上的数据分析直接反馈到线下的智能设备，人们的生活变得更加智能化与个性化；人工智能在机器学习方面进展迅猛，谷歌旗下DeepMind公司研制的阿尔法人工智能程序，成功地战胜了人类顶级围棋棋手。谷歌前首席工程师——奇点大学的创始人雷·库兹韦尔在《奇点临近》一书中，预言2045年人工智能将超过人类智能的整体水平，人类的发展将出现重大拐点。信息技术的快速发展将导致大规模的技术人员失业，很多过去需要人来完成的工作可以直接由机器完成，例如，银行个人存取款、仓库包裹搬运、简易翻译、快速新闻稿写作等[2]。

案例

案例 1.1-5　智能时代，自动驾驶汽车

自动驾驶汽车是一种通过计算机系统实现自动化驾驶的智能汽车。自动驾驶汽车采用人工智能、视觉计算等技术，通过雷达、监控装置和全球卫星导航系统协同合作，让计算机可以在没有任何人类主动的操作下，自动、安全地操作机动车辆（图 1.1-5）。

图 1.1-5　自动驾驶汽车

2011 年 10 月，美国内华达州立法机关允许自动驾驶车辆在指定区域内上路，这也是美国颁布的首个相关法律，该法律于 2012 年 3 月 1 日起正式生效。2012 年 5 月 7 日，内华达州机动车辆管理局批准了美国首张自动驾驶车辆许可证。在颁发

牌照前，相关官员曾在高速公路、卡森城街区和拉斯维加斯大道检验过该汽车，并宣称根据测试结果，自动驾驶汽车可以安全行驶。

（参考自《由美国给无人驾驶汽车立“规矩”说开去》，搜狐网，2017-09-20）

早在2004年，就有专家团队对美国现有的职业进行评估。研究报告指出：像司机这种需要眼观六路、耳听八方并且作出综合判断，涉及人身安全的重要职业，是机器无法取代的。当时给出的结论是，司机这种职业相对安全。仅仅10多年的时间，自动驾驶汽车就颠覆了先前人们的判断，谷歌自动驾驶汽车只不过是一个产业代表，还有很多公司也在研制自动驾驶汽车。不远的将来，越来越多的传统领域会被人工智能重新定义，人们应该如何进一步创造未来？

在人工智能的新时代，面对层出不穷的新技术，数字化学习与创新鼓励推动信息技术革新，让学生拥有更广阔的视野，进一步点燃他们的学习热情，使其形成良好的求知心理。学生要主动参与对所学知识的探索发现和认知过程，体验学习的乐趣，并且能够“低门槛”地基于产品设计进行学习。这样的学习方式，不仅能够帮助学生有效掌握知识，灵活解决问题，还能够培养他们不断探索、勇于创新的科学精神，拓展他们的人文视野。

面对信息技术的迅猛发展，人们又该如何自我定位和自我更新，以适应更多未来的挑战呢？在2003年颁布的《普通高中技术课程标准（实验）》中，将信息的获取、加工、管理、表达与分享作为高中信息技术学科的主线。全国信息技术课程的推行与实施，为全体学生的信息素养奠定了坚实的基础。随着信息技术的大众化普及，信息技术学科的关注点开始从工具层面上的操作技能习得，转向面向人的全面发展、提升人们适应信息化时代的能力，以满足新时代背景下对于“具有信息素养的人”的基本诉求。在这样的时代背景下，高中信息技术学科需要确立什么样的核心素养，以明确该学科对于人的核心价值培养的意义，就显得尤为重要。

《普通高中信息技术课程标准（2017年版）》重新明确了普通高中信息技术课程是一门旨在全面提升学生信息素养，帮助学生掌握信息技术基础知识与技能、增强信息意识、发展计算思维、提高数字化学习与创新能力、树立正确的信息社会价值观和责任感的普通高中信息技术课程标准基础课程。在信息社会中开展数字化学习与创新，通过现实空间与虚拟空间的相互交织，形成全新的数字化学习环境，学生的学习方式发生了巨大的变化，也对学生的学习质量和学习结果提出了更高要求。培养学生的数字化学习和创新能力，是提高他们信息社会竞争力的关键要素[3]。

与数字化学习与创新素养相关的概念包括数字化生存、数字化学习等。回溯这些相关概念，能更加明确信息技术课程所树立的数字化学习与创新的核心素养价值。

“数字化生存”最初是由麻省理工学院尼古拉斯·尼葛洛庞帝教授在其1996年出版的《数字化生存》一书中提出的。按照书的诠释：“人类将生存于一个虚拟的、数字化的生存活动空间，在这个空间里人们应用数字技术从事信息传播、交流、学习、工作等活动，这便是数字化生存。”尼古拉斯·尼葛洛庞帝认为不久的将来会出现两个世界，分别是物理世界与信息世界，未来的世界由两种要素组成，分别是原子和比特，物理世界存在的形式是原子，而信息世界存在的形式是比特。在数字化的时代，信息技术的飞速发展使得世界各地的人们相互连接，不同地域的人们因为有了连接融合，生活的世界具有了相似的特征。由此可以看出，“数字化生存”涵盖的内容非常广泛，包括数字化环境下的工作、生活和学习。对于信息技术学科而言，如果将“数字化生存”作为其中一个核心素养，因过于宽泛，所以会涵盖其他素养的部分；广义的“数字化生存”的概念，其外延甚至包括了信息技术学科以外的其他素养范畴，从某种程度上讲，“数字化生存”比信息技术学科本身还要宽广[4]。

1998年，杰·克罗斯教授首次提出e-learning（中文译作数字化学习、电子化学习、网络化学习等）的概念。不同的译法代表了不同的侧重观点，但是三者均强调的是数字技术，强调用技术重塑学习方式。数字化环境汇集了大量文字、图片、音频、视频、应用程序等学习资源，形成一个高度综合、集成的数字化学习场景。最早在教育领域中提出“数字化学习”这个词的是美国教育部2000年度《教育技术白皮书》。该文件阐述了其核心价值，全面阐释了这种新方式下的学习转变，指通过互联网进行的学习与教学活动。它充分利用现代信息技术所提供的、具有全新沟通机制与丰富资源的学习环境，实现一种全新的学习方式。随着数字化环境的日益普及，又相继出现了移动学习、无缝学习等概念，这些概念又从不同侧面进一步强调数字化环境对于学习方式方法带来的改变。另外，虽然数字化学习的过程部分含有创新的历程，但是根据建构主义的观点，学习更多的是一种“向内”的自我建构，而创新则是一种“向外”的践行，因次，数字化环境下不仅需要强调在数字化环境中学习，同时还需要鼓励并注重数字化环境下的创新[2]。

创新是指以现有的思维模式提出有别于常规或常人思路的见解，利用现有的知识和物质，在特定的环境中，本着理想化需要或满足社会需求，去改进或创造新的事物、方法、元素、路径、环境，并能获得一定有益效果或具备价值的行为。英国创造力研究专家肯·罗宾逊将创新定义为每一个人原生且具有价值的想法。创新不限于个别群体，而属于每一个人；创新不限于个别专业，而属于每一个领域。现代社会的创新突破已经不再是一个人的“闭门造车”，而是一个人或群体在整个社会关系网络中不断叠加、相互交织、协同合作的过程。

数字化学习与创新是指个体通过评估并选用常见的数字化资源与工具，有效地管理学习过程与学习资源，创造性地解决问题，从而完成学习任务，形成创新作品的能力。**主要表现为：其一，在数字化环境中，能积极主动地利用数字化资源进行学习和创新活动；其二，能够发挥数字化学习环境的优势，有策略地降低数字技术应用的局限性；其三，能够在数字化环境中协同学习，与学习伙伴分享知识，养成创新的习惯。**

第2节 “数字化学习与创新”的育人价值

《普通高中信息技术课程标准（2017年版）》明确了信息技术学科的核心素养，从而使得育人与学科教育紧密结合。一个学科的育人价值体现在面向学生的学科核心素养在学习者身上的提升，以及学科核心素养的达成。同时，学科核心素养也完整地涵盖了学科的育人价值。数字化学习与创新是普通高中信息技术学科四大核心素养之一。该核心素养并非凭空提出，而是信息技术学科在育人价值上的重要体现。**从育人价值的角度出发，数字化学习与创新，让学习者获得从容感、幸福感、危机感、使命感。**

一、培育从容感

伴随数字化工具的发展成长起来的“数字土著”天生具备应用信息技术工具的优势，既然他们在日常生活和学习中已经掌握了信息技术工具的操作方法，那么为什么还要求他们进行专门的课程学习呢？大家需要清醒地认识到：从“数字土著”到“数字公民”并不是一蹴而就的，还需要后天的教化和课程学习。尽管“数字土著”一代在日常生活和应用中能够掌握基本的操作技能，但是缺少了针对性的教育，在数字化环境中还存在自我约束力弱、沉溺游戏、不负责任地发布网络信息等问题，而且单靠“土著”的自发摸索，难以真正获得融入这个时代的从容感。因此，数字化学习与创新素养的提升，是信息技术学科重要的育人价值体现。让“数字土著”通过信息技术课程的学习，真正转变成为“数字公民”，让“数字土著”真正理解这个世界背后的运行系统与运行逻辑，真正获得对这个世界全面的感知与认识。

现在的学生出生在信息时代，会天然地认为很多事情理所当然。但是，同时也非常容易因为身处信息大爆炸的环境之中，对大量的碎片化知识产生误解与偏见。例如，媒体报道阿尔法围棋战胜人类棋手，其背后的人工智能被媒体鼓吹得无所不能，甚至很多新闻报道论断人工智能正在取代人类80%甚至90%的工作岗位。类似的媒体宣传与社会舆论，容易让学生觉得未来人类就要完全失业。如果学生没有系统地开展数字化学习，就不会清楚目前人工智能的局限性，也不会明白弱人工智能与强人工智能之间的关系，甚至会觉得人工智能是一个无所不能的“黑箱”。

案例

案例 1.2-1　阿尔法围棋与人类棋手

阿尔法围棋是第一个击败人类职业围棋选手、第一个战胜围棋世界冠军的人工智能机器程序，由谷歌旗下DeepMind公司的戴密斯·哈萨比斯团队开发，其主要工作原理是“深度学习”。2016年3月，阿尔法围棋与人类顶尖棋手、围棋世界冠军、职业九段棋手李世石激战了五场，最终以4∶1战胜人类棋手。2017年5月27日，柯洁与阿尔法围棋的人机大战，阿尔法围棋再次取得胜利（图1.2-1）。此后，阿尔法围棋团队宣布阿尔法围棋将不再参加围棋比赛。2017年10月18日，DeepMind团队公布了新版阿尔法围棋，代号阿尔法零。

阿尔法围棋是通过两个不同神经网络“大脑”合作来下棋的。第一个大脑是落子选择器，阿尔法围棋的第一个神经网络“大脑”是“监督学习的策略网络”，观察棋盘布局并找到最佳的下一步。第二个大脑是棋局评估器，阿尔法围棋的第二个“大脑”不是去猜测具体的下一步，而是在给定棋子位置的情况下，预测每一个棋手赢棋的概率，这个棋局评估器就是“价值网络”，通过对整体局面的判断来

图 1.2-1 阿尔法围棋与人类棋手比赛

辅助落子选择器。这些“大脑”是多层神经网络，它们从多层启发式二维过滤器开始，来处理围棋棋盘的定位，就像图片分类器网络处理图片一样。经过过滤，13个完全连接的神经网络层形成对它们“看到”的局面的判断，这些神经网络层的作用就是进行分类和逻辑推理。

（参考自百度百科，2017-08）

只有通过数字化学习，了解了大数据、计算模型、卷积层算法、贝叶斯定律等相关知识，学生才能对人工智能有更进一步的理解。在此基础上，学生还可以开始尝试数字化创新，收集多维度的大数据，运用一些卷积层算法编制、运行程序，测算具体情境中的概率运算。**到了这个层面，学生才能进一步通过创新认识人工智能的应用场景、局限性与未来发展的可能性，进而真正提升他们面对社会问题、发现真实问题、解决具体问题的能力。当他们面对人工智能等新兴技术，以及被信息技术所重塑的社会时，将变得更加从容。**

二、提升幸福感

数字化学习与创新是信息技术课程重要育人价值的体现，还表现为让学生不断获得幸福感。**幸福感来自于学习过程中不断收获的自信、不同程度的成就。学习是获得新知的过程，创新是不断创造的历程，学习的过程也可以是创新的过程，创新的过程也在不断学习。**

高中信息技术课程旨在努力提升学生的数字化学习与创新素养，充分借助和运用信息技术手段，为学生创设多样化的学习环境。由于各地区基础设施存在差距，学生日常认知、教师专业特长有别，因此可以在高中信息技术课程实施过程中广泛采用线上课程与线下课程相结合的混合学习方式，有效支撑信息技术课程的教学活动，帮助学生充分开展数字化学习，为学生跨地区协作学习提供有效支持，提高他们通过线上线下课程自主学习的能力，为他们自我发展的弹性需求提供有力的学习资源保障。

案例

案例 1.2-2　可以体验的学习与创新：积木式手机

一种全新的智能手机——谷歌积木手机诞生了，手机支持全模块化——每一个零部件都可以单独升级或修复，而电动永磁体会牢牢地把这些模块固定在机身上（图 1.2-2）。谷歌积木手机的特点就是每一个零部件都可以自由拆卸，实现手机硬件的自我定制。与主流智能手机相比，它最大的特点在于可个性化定制。屏幕、听筒、摄像头、接口、电池等八个模块（后续还有更多模块开放）通过电控永磁的方式吸附在主框架上，从零件配置到主题风格都给了用户自由选择的权利。通过谷歌的开源硬件平台，用户可以像玩乐高积木一样把摄像头、电池、处理器等模块搭成一部手机。这样的组装方式能够满足用户个性化的需求，可以单独对一个模块进行更新换代，还能够在不更换手机的情况下随时实现功能增减。

图 1.2-2　谷歌积木手机

在学习与创新的过程中，需要逐步对数字化信息进行梳理和内化，产生认知冲突，并在创造数字化作品的体验中，多方位地提升自我的创新能力，实现自我发展与团队提升相互统一。线上与线下课程融合体系的创建，打破了信息交流与协作的时空限制，使学生能够及时将数字化作品分享到社交平台，促进群体的相互影响，打破地区隔阂，实现共同进步，形成群体共识和群体智慧。通过信息技术课程的学习，身处不同地区的学生将根据不同的学习目标、不同的学习方式以及不同的学习内容，结合线上与线下的合作交流，逐步开展信息技术课程的有效学习。

三、激发危机感

危机感的认知是一个不断渐进、循环上升的过程。数字化学习与创新在育人价值上的体现，还表现为激发学生的危机感。人们身处日新月异、不断变化的时代，在过去几十年里，互联网、计算机、大数据、物联网等一系列技术接踵而来，只有更好地认识变化的本质、感知变化的节奏与规律，才能从本质上体会危机感的存在。危机感来自于三个层面：体会自己与同龄人对世界感知的差异、判断学科与行业对世界的贡献及理解国与国之间存在的竞争与博弈。

不同的学生虽然各自生活在不同的城市或农村，身处不同的地域，但是却可以通过互联网看见彼此不同的生活与学习方式，通过网络增进彼此了解，运用社交平台发布自己的动态、关注别人的生活。当学生自己通过各种方式了解到别人已经可以无障碍地运用各种信息技术手段，灵活处理各种问题，不断学习创新的时候，这种来自于同伴之间的危机感就会产生。因为有了信息技术，所以世界是平的。看到差距，是进步的开始，进一步体会到自己与同龄人对世界感知的差异，进而产生危机意识，从而促进学生进步。

当学生通过数字化学习了解到信息技术的发展历程时，可以感受到信息技术从无到有、不断重塑社会的巨大力量，体会到信息技术的发展对整个国家的贡献。深入、客观对比不同领域、不同学科对个人、家庭和社会的影响，更加理性地形成学科危机感，这也是数字化学习与创新在育人价值上的重要体现。学生需要了解哪些行业已经不再是这个时代的主流，哪些行业会被自动化所取代，哪些行业已经变成了历史，只能成为美好的记忆，这种对学科与领域敏锐的危机感同样很重要。

案例

案例 1.2-3　操作系统之争

操作系统是管理计算机硬件与软件资源的计算机程序，同时也是计算机系统的核心与基石。操作系统提供了一个让用户与系统可以直接交互的操作界面。目前，在台式计算机与笔记本计算机上，主要存在三种大型常用操作系统：Mac OS、Windows和Linux。Mac OS是苹果公司旗下的操作系统，Windows是微软公司开发的操作系统，Linux是免费使用和自由传播的类Unix操作系统，除了在服务器操作系统方面保持着强劲的势头以外，在个人计算机、嵌入式系统上都有广泛的应用。

技术的竞赛也是国与国之间的战略竞争，技术的研发比拼，总是存在一定的窗口期。虽然中国已经成为世界第二大经济体，然而在自主创新上仍然需要不断前行。美国在技术创新上引领前沿，在制定产业标准与规则上保有一定优势。从信息技术的角度考虑，学生应该深刻地意识到当前计算机、互联网、物联网等领域一系列技术研发与发明大都来自于美国等发达国家，大家应该充满危机感，肩负起中国新一代的创新责任。

案例

案例 1.2-4　芯片的秘密

芯片是半导体元件产品的统称，集成电路（Integrated Circuit，IC）是在硅板上集合多种电子元器件而实现某种特定功能的电路模块，其载体由晶圆分割而成。一个“指甲盖”大小的芯片里可以容纳70亿个二极管。芯片是电子设备中最重要的部分，主要承担着运算和存储的功能。各种计算机系统、电子系统，如通信装备、内存设备、显示系统等都需要芯片。

其实芯片的生产流程不是什么秘密。芯片的生产流程主要分为四个阶段：设计、制造、封装和测试。根据不完全资料显示，目前世界上能实现四个阶段的只有英特尔公司，很多企业要么只做设计，要么专注制造、封装，要么干脆只管测试。这四个步骤中最难的是设计，尽管现在有了非常先进的软件辅助，但是上亿个节点、极其复杂的布线设计及逻辑层级结构，都导致了设计这个环节依旧非常复杂。而且，制造过程也非常难，完全是高精密仪器生产。即便你“偷”来了图纸，也不一定制造得出来。

（参考自《一文看懂高大上的芯片设计和生产流程》，与非网，2018-06-15）

中国对芯片的需求，占到了世界总需求量的一半以上，为中国芯片的自主创新发展提供了良好的需求基础。芯片发展的窗口期也并非完全关闭，新型人工智能芯片对于新一代芯片制造提出了更高水平的要求，芯片要求自带更强的处理和存储能力，图像识别、语言识别、机器学习等技术正在成为芯片发展中新的研究热点。自主创新不仅需要基础科学长足发展，国家大力投入，还需要市场资本多方支持，更需要一大批高端人才的智力支撑。因此，虽然国际上贸易战愈演愈烈，中国过去借助自己的劳动密集型产业，发展出资金密集型、产业密集型、需求密集型产业，但是未来还将走向发展技术密集型产业的道路。面向未来，需要培育有信仰、会思考、愿担当、懂坚守的创新型人才。

四、启迪使命感

社会因为新一轮信息技术的变革而产生重大变化，技术与人类共同面临着前所未有的发展契机。**人们通过一次又一次的学习体验，亲历数字化创造的过程，在一次又一次解决面向真实情境的问题中，了解世界的变化，从而更加深入地感知自己身上肩负的重大使命。**

学生更加深入地感受到重大的工程，甚至社会政治决策已经需要根据实时数据流经过数据分析、算法判断来完成。社会的治理结构变得具有分布式、自治特征，进而转变为大量数据算法协同处理与中央统筹发展的新格局。科技人本主义将进一步交融发展。面对未来社会如此剧烈的潜在变化和发展，每一个人不仅要更好地了解、理解、感知未来的趋势，而且要设法提升自己的数字化学习与创新的能力，在变革中不断提升、迁移自己的技能，从而应对未来的结构性变化。

案例

案例 1.2-5 新通信网络——5G①

从电话座机到手机、从1G到4G，通信技术的革新为人类社会带来了无尽的变革，如今我们正迎来5G时代，5G到底是什么？

5G，不再只是从2G更多地浏览文本、到3G更多地浏览图片、再到4G更多地观看视频这样速率的提升，而是将人与人之间的通信扩展到万物互联，打造全移动、全连接、全高速的数字化社会（图1.2-3）。

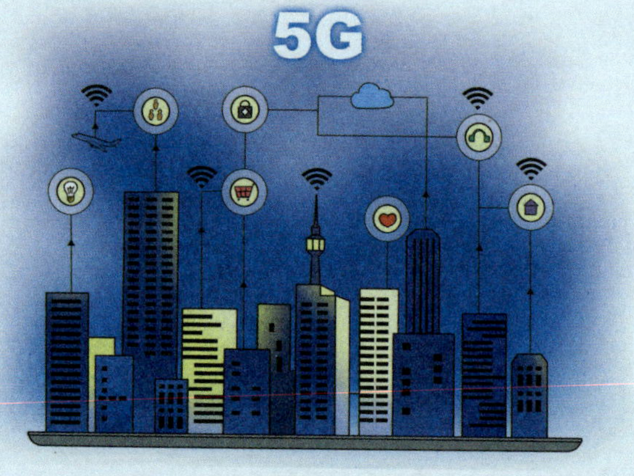

图 1.2-3 5G 网络

① 1G，first generation，第一代移动通信技术；2G，second generation，第二代移动通信技术；3G，third generation，第三代移动通信技术；4G，fourth generation，第四代移动通信技术；5G，fifth generation，第五代移动通信技术。

作为第五代移动通信网络，5G网络的理论传输速度可达Gbps级，这比4G网络的传输速度快数百倍，一部超高画质电影可在1秒之内下载完成。5G是一场革命，以技术为驱动，从人与人的连接延伸到万物互联，个人和家庭的连接延伸到社会各个领域，进而给社会经济、生活带来革命性的影响。2018年12月7日，中国工业和信息化部许可中国电信、中国移动、中国联通自通知日至2020年6月30日，在全国开展第五代移动通信系统试验。

（参考自《三大运营商都已确定：国内第一批5G试点城市已出炉》，脚本之家，2019-02-02）

全球范围内的知识更新和技术创新，催生出现实空间与虚拟空间并存的社会形态。信息技术已经重塑了人们的时间观念和空间观念，未来，随着以数据为核心向以人工智能为核心的再度变迁，将会出现无处不在的人工智能应用场景，更深入地改变人们的思维模式。人们必须为适应新时代做好充足的准备，拥有一种改造世界的新思维方式。人与机器的关系，不再停留于少数人创造新技术、多数人合理运用与协作的体系，而将是更多人努力共同创造的新场景。信息社会是通过创造、分配、使用、整合和处理信息进行社会经济、政治和文化活动的社会形态。社会成员通过创新和高效使用信息技术的手段，获得显著的个人或组织生存与发展优势。他们在享受信息技术带来的充分便利的同时，也被赋予新的社会责任。高中信息技术课程既要加强基本信息技术知识与技能的学习，提高学生应用学科方法与技术工具解决问题的能力，又要培养学生的信息社会责任。

案例

案例 1.2-6 量子计算机

如今，计算机的运算能力已经非常强大。例如，如果计算机的主频是 560 MHz，那么它每秒钟就能够运算56 000万次，这是多么不可思议的运算能力！计算机采用二进制，通过各种晶体管和逻辑电路，就实现了如此高速的运算。

但是，你是否听说过量子计算机？为什么说未来量子计算机的运算能力将超越今天所有计算机计算能力的总和？在二进制中，一个位要么表示1，要么表示0；两个位则表示00、01、10或11。二进制虽然非常有利于计算机的运算，但是本质上和十进制并无区别。量子计算机采用的底层逻辑完全不同：1个量子位在运算过程中，可以同时存在2种状态；2个量子位，可以同时存在4种状态；n个量子位，就可以同时存在2^n种状态（图1.2-4）。

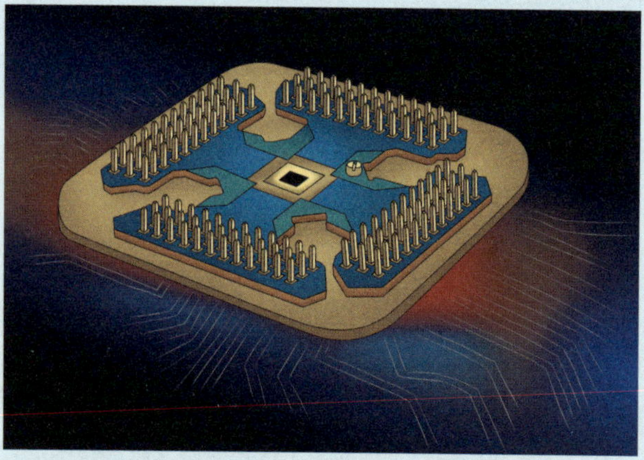

图1.2-4 承载16个量子位的硅芯片

因此，有科学家推测：当可以真正实现50个量子位同时进行运算的时候，2^{50}（=1 125 899 906 842 624）种状态将同时进行运算，将实现所谓的“量子霸权”，超越现在所有的计算机的运算能力。当然，要实现通用的量子计算机，不仅在硬件生产方面还有非常大的难度，而且量子运算需要有新的量子算法才能够实现，截至目前，还没有一种通用的量子算法。中国也非常重视量子计算机的研发。

面向未来的发展，IBM公司于2019年初提出了量子性能的“摩尔定律”，宣布其“量子霸权”时间表：为了在10年内实现量子霸权，需要每年将“量子体积（quantum volume）”至少增加一倍。“量子体积”是IBM提出的一项专用性能指标，用于衡量量子计算机的强大程度，量子体积越大，量子计算机的性能就越强大，能够解决的实际问题就越多。重要的是，IBM发现量子体积遵循一种“摩尔定律”：其量子计算机实现的量子体积，每年增加一倍。2017年，IBM①的Tenerife设备（5 qubit②），其量子体积是4；2018年，IBM的Q设备（20 qubit），其量子体积是8；2019年推出IBM的Q System One③（20 qubit），量子体积达到16。也就是说，自2017年开始，IBM公司每年将量子体积翻了一番。

（参考自《量子“摩尔定律”问世 IBM宣布其“量子霸权”时间表》，搜狐网，2019-03-12）

随着时代的发展，农业、工业与服务业三大产业已经与数字化有了密不可分的关系，大量创新活动与数字化紧密关联。数字化创新表现为运用多种数字化技术，创造性进行数字化生产、制造和服务。从国际发展来看，欧洲联盟（简称欧盟）在2006年通过了《面向全民的“核心素养”》提案，其核心素养包括使用母语交流、用外语交流、数学素养与基本的科学技术素养、数字素养、学会学习、社会与公民素养、主动意识与创业精神、文化意识与表达共8项。虽然欧盟的核心素养提案是面向公民全体，并非专指某一

① IBM：国际商业机器公司，International Business Machines Corporation的英文缩写。

② qubit，量子位，量子信息基本单元。

③ Q System One，2019年1月8日IBM公司发布的一台独立量子计算机。

门课程的目标，但是从中依旧可以看出整个素养框架中对于数字化学习与创新素养相关内容的重视。在欧盟面向全民的核心素养中，数字素养、学会学习、创业精神都体现出数字化学习与创新的重要性。2007年，美国政府发布了《21世纪技能框架》，提出了面向未来的学习者必须具备的关键技能和重要品格。“底座”由四部分组成，分别是“学习环境”“专业发展”“课程和教学”“标准和评价”；顶部也由四部分组成，分别是“核心科目和21世纪主题”“生活和职业技能”“信息、媒介与技术技能”“学习和创新技能”。美国之所以强调“技能框架”，在于重新思考整个时代背景对学习环境的影响。“技能框架”特别强调学习环境的建构，并将“学习和创新技能”作为学习结果的关键组成部分。这与“数字化学习与创新”高度吻合，强调了21世纪数字化学习环境下，“学习和创新”是极其重要的组成部分。

综上所述，数字化学习与创新不仅成为当今社会基本公民的核心素养组成部分，而且也是信息技术学科育人价值的核心体现。无论从不同国家的课程标准取向，还是不同国家对于人的核心素养的界定，数字化学习与创新都是不容忽视的素养。高中阶段是学生养成和提升基本素养的关键时期，在这一关键时期，高中信息技术学科需要通过课程的实施，让普通高中的学生不断提升数字化学习与创新的素养水平，适应个人终身发展和社会需要，迎接数字化时代的挑战与机遇。

第 2 章
“数字化学习与创新”怎么教

信息技术已经深刻地影响着人们的学习、工作和生活，改变了人们的思维模式和交往方式，催生出现实世界与虚拟世界并存的社会形态，创造出更为丰富、多元的文化场景。通过创设数字化学习环境、创新多样教学策略、设计基于真实情境的产品、关注跨学科解决问题等教学方式，提升学生数字化学习与创新的素养，成为信息技术学科教育的核心目标之一。

第1节 创设数字化学习环境

数字化学习与创新素养的提升发生在数字化学习环境中，离开了数字化学习环境，提升学生数字化学习与创新的核心素养只能是纸上谈兵，难以落地。纸笔虽然是非常好的工具，但是绝非适合所有时代，信息素养的培养，不可能在仅限于纸笔的环境中习得。正如每一个学科都有自己独有的特性和价值，数学学科看重抽象推理，物理学科注重实验探究，语文学科关注语言文字应用；脱离了逻辑推理学不会数学，只看实验视频不动手实践学不好物理，仅仅背诵文章、不应用内化谈不上语文学习。同样，信息技术学科也有其鲜明的学科特性，信息技术的学习必然不能脱离数字化学习环境。只有让教与学在数字化学习环境中展开，通过线上和线下相结合，进行混合式学习，才能够充分发挥数字化学习环境的优势，使得学生在自主、合作、探究中开展个性化学习与群体协作，提升数字化学习与创新素养。

教师引领学生在数字化学习环境中开展学习，数字化学习环境不仅仅是资源更多维度的呈现，而且也是学习互动展开的工具，还是基于学生过程性数据展开学习评价的有效支撑。数字化学习环境作为信息技术教学的重要支撑，帮助学生课前、课内、课后更好地衔接，管理学习过程和学习资料，帮助教师组织课堂教学与互动探究，展开过程性评价与总结性评价。一般来说，教师可以灵活选择各种类型的数字化学习平台，需要特别关注三个方面：**整合资源、融合平台和混合工具。**

一、整合资源

互联网的发展带来了信息大爆炸，大量的数字化资源不断涌现，信息的来源不再局限于书本中的文字、图片、表格，而是扩展到互联网上的视频、音频、三维模型、数据库、源代码等一系列数字化资源。

数字化资源与学科学习的相关性越来越紧密，与其他学科相比，信息技术学科有着更为鲜明的特性。**可以毫不夸张地说，有关信息技术的任何一门知识的数字化资源都不缺乏，只不过需要重新选择、评估、运用与再设计。**无论是编程与计算机知识、数据库与算法教程、开源软硬件拓展资料，还是与信息技术有关的设计与创意类相关资源，以及三维打印、虚拟现实、机器学习等数字化资源，都可以在互联网上找到。

早期的大规模开放课程——慕课（Massive Open Online Course, MOOC）有三个主要平台，分别是Coursera、edX、Udacity。大规模开放课程最早源于高等院校将其课程开放到网络上，紧接着，其他活跃人士与机构也纷纷开放了自己的课程。作为一种普惠的共享数字化资源，大规模开放课程可以被充分转化，成为信息技术的课程资源。教师可以根据学生的情况，了解学生学习的需求，有选择性地推荐相关资源，并将其选择性地引入课堂教学，作为教学活动的有效支撑。

案例

案例 2.1-1　可汗学院

2007年，萨尔曼·可汗成立了非营利性的“可汗学院”网站，他用微视频讲解不同的学科内容，解答网友提出的问题。除了视频授课，可汗学院还提供在线练习、自我评估及进度跟踪等学习工具。2009年，可汗学院获得微软技术奖；2010

年，可汗学院获得盖茨基金会和谷歌公司的资助；2013年，可汗学院发布了西班牙语版本，随后发布巴西葡萄牙语、法语、土耳其语版本；2015年，可汗学院推出了移动端多终端平台的升级版本。

目前，全世界已有一千万学生在可汗学院的网站上学习。比尔·盖茨说："可汗是互联网教育的一个先锋，他借助技术手段，帮助大众获取知识，认清自己的位置，他引领了一场教育革命。"

（参考自《可汗学院：一个人的网络教学震动了世界》，中国教育报，2013-02-06，顾雪林）

类似于可汗学院，网易公开课学习平台对海内外大规模的开放课程进行了梳理与分类，并通过互联网组织爱好者们进行翻译，使得这类数字化资源能有效地用于教师教学与学生学习，消除了语言障碍，极大地提高了数字化资源再利用的效率。教师能够更加便捷、合理地将全世界的数字化资源运用到信息技术的课堂教学中。

还有其他各种各样的编程类学习网站，通过专业人员或业余人士发布的视频课程，提供与信息技术课程内容密切相关的数字化资源。这类网站的课程资源往往面向零基础的学习者，通过循序渐进的视频课程资源帮助学习者螺旋式上升。教师可以了解并掌握与信息技术课程紧密相关的数字化资源，将其融入教学中，并设计系列的学习活动与之匹配，使其成为学生的学习资源。

这是一个开放与共享的时代，知识与技能以越来越快的速度迭代，面向新知识与技能的课程也不断涌现出来。就像谷歌公司推出TensorFlow①不久，

---

① TensorFlow，一个基于数据流编程的符号数学系统，被广泛应用于各类机器学习算法的编程实现，其前身是谷歌的神经网络算法库。

人们还没来得及自学摸索或推出系统教程，谷歌公司就自己发布了开放的TensorFlow机器学习速成课程。

案例

案例 2.1-2 谷歌机器学习课程

现在，机器学习越来越受到公众的关注，很多初学者希望快速了解机器学习的知识及其前沿技术。为此，谷歌上线了基于TensorFlow的机器学习速成课程，包含40多项练习、25节课程等学习内容。谷歌官方描述为“机器学习热爱者的自学指南”，课程资料都是中文书写，课程视频都通过机器学习技术由英文翻译为中文。这对于国内学习者来说将会有很大的帮助，当然他们也能选择英文语音来进行原汁原味的学习。该课程曾用于谷歌内部工程师的培训，有近万名谷歌员工参与并将学到的东西用在产品性能的优化和增强上。

（参考自《学习了！谷歌今日上线基于TensorFlow的机器学习速成课程》，机器之心，2018-03-01）

这类课程的鲜明特点就是与时俱进。数字化资源在互联网上并没有被固化，而是不断更新，通过群体与个人的分享、共建、协作不断地被更多人学习和采用。然而，拥有了如此之多的数字化资源，并不意味着学生可以完全通过自学的方式提升数字化学习与创新的素养，反而更需要教师合理、有效地运用这些数字化资源组织课堂教学。

最近发展区是指学生从现有水平到“可能发展水平”的区间。学生的现有水平，指独立活动时所能达到的解决问题的水平；学生的可能发展水平，也就是通过接受教育所获得的潜力。两者之间的差异就是最近发展区。教学应着眼于学生的最近发展区，为学生提供具有一定难度的数字化资源，调动学生的积极性，发挥其潜能，使其超越最近发展区而达到下一发展阶段的水平，然后在此基础上再向下一个发展区发展。

如果选择的数字化资源过于简单，就容易让学习者停留于舒适区，这样学习者不仅无法产生兴趣，而且无法得到真正意义上的学习体验；如果选择的数字化资源过于复杂，学习者在没有相关知识储备的情况下展开学习，则难以理解学习内容，会产生恐慌或失去信心。因此，数字化资源在教学中的选用要尽可能地落在最近发展区。教师让不同水平的学生处于不同的最近发展区，借助数字化平台个性化地推荐数字化资源，实现因材施教，尽可能地助力学生个性化学习。

不难发现，虽然有大量丰富多彩的数字化资源，包括数字化课程资源，但是也良莠不齐。教师需要合理选择与巧妙运用，也要通过教学活动让学生体验选择与评估数字化资源，这样才能帮助学生根据自身的学习进度和最近发展区选择适合的数字化资源。

二、融合平台

在数字化学习环境中，数字化平台能支持学生的实践体验。教师运用可交互、可记录、可反馈的平台，给学生提供多维度的学习体验。数字化平台在教学过程中串联起课堂内外，使得学生可以上传、下载数字化资源，从而使得教与学的互动更加全面。相对于评估与选用数字化资源，数字化平台的选择表现在对不同功能的选择。针对不同的学习内容、学习方式，通常采取的数字化平台也不一样，并没有哪种数字化平台可以包含所有信息技术课程的学习内容，也正是因为这样的多元化特征，才使得信息技术课程的线上和线下学习变得丰富多彩。

案例

案例 2.1-3　Scratch[①]模块化编程平台

由麻省理工学院开发团队创建的模块化编程平台Scratch，如今已经更新到3.0版本。该主创团队自称为“终身幼儿园团队”，表明了创建Scratch的初衷，是让所有人在游戏中学习，将计算思维与创意灵活运用起来。许多孩子都会一眼就喜欢上这个平台，心生编写程序的愿望。

Scratch官方网站给每个注册用户开通了一个空间，可以用于存储和发布Scratch程序，孩子们通过该数字化平台创造的作品可以通过网络被无数人看到，官方网站具有交友和评论的功能。

该平台提供了编程“积木”模块，种类繁多，组合功能达100多个，涵盖了一个完整程序的每个环节，包含数组、函数、嵌套、逻辑运算等。运用这些图形化的“积木”需要教师的正确引导，学生在模仿的过程中能体会到条件语句、循环语句、判断语句等程序的内涵，理解参数和命令的区别，从而兴趣盎然地不断参与设计与创作的过程。

（参考自Scratch官网，2018-03）

数字化平台为教学提供了新的组织方式和新的学习形态，教师可以灵活地运用数字化平台用于学生的自主创作与小组的团队合作。类似于Scratch的模块化、游戏化编程的数字化平台有助于增强学生的学习积极性，提升学习兴趣，深入浅出地让学生理解基本语句、命令、函数、参数的内涵，进而引导他们不断深入探索。

① Scratch，麻省理工学院的“终身幼儿园团队”开发的图形化编程工具，主要面对青少年开放。

案例

案例 2.1-4　编程游戏——Codecombat①和 Swift Playgrounds②

在Codecombat中，玩家扮演一个英雄，通过游戏中的关卡冒险。玩家通过输入代码控制英雄角色，游戏过程中面临编程挑战，挑战成功则解锁下一关卡，并获得经验点，且可以提升英雄能力。Codecombat支持5种编程语言：JavaScript、CoffeeScript、Lua、Python和Clojure。该游戏涵盖了编程基本语法、循环、字符串、变量、方法调用、矢量绘图等主题。

Swift Playgrounds（图2.1-1）也采取了主人公的游戏模式，设计了一个主角，通过编程的方式控制主角走出一个又一个三维迷宫。随着游戏剧情的展开，所需要的编程技能越来越高，但是学习者不会觉得突然变难或难以接受，而是被逐步引导，循序渐进地提升编程知识与技能。

图 2.1-1　Swift Playground 编程界面

---

① Codecombat，一款学习编程的角色扮演游戏，通过扮演英雄通过游戏中的关卡来学习编程。

② Swift Playgrounds，一款iPad平台的应用开发工具，提供了可视化的编程形式，支持所见即所得。

在Codecombat和Swift Playgrounds平台上的游戏化编程学习已经不仅限于模块化的编程学习，而是可以进一步深入体验，直接书写编程语句，修改语句中的参数，帮助学习者完整地掌握一门编程语言。教学讲解变成了游戏剧情，教学反馈变成了可视化的实时提醒与陪伴，学习形式变成了闯关游戏，学习活动变成了编程解决问题和创造产品，这就是数字化平台提供的新的学习体验。当然，仅仅通过独立存在的游戏化、数字化平台来保障学生可持续的深度学习是不够的，学习的进阶仍然需要教学设计，需要教师的个性化指引与点拨，需要教师更有效地整合数字化平台中的方式、方法与内容，依据信息技术课程标准，将其融合到信息技术的课程教学设计中。

数字化平台不仅限于以游戏的方式促进教与学，还包含许多不同类型。开源社区也是数字化平台的一种，这类数字化平台提供了一个开放的上传与下载的共享空间，成为学习者、消费者、创造者协作与学习的新载体。

案例

案例 2.1-5　TED，传播一切值得传播的创意

TED[①]以其组织的TED大会著称，会议的宗旨是“传播一切值得传播的创意”。TED诞生于1984年，其发起人是理查德·索·乌曼。2001年，克里斯·安德森接管TED，创立了种子基金会，并开始运营TED大会。每年3月，TED大会召集科学、设计、文学、音乐等领域的众多杰出人物，分享他们关于技术、社会、人的思考和探索。TED大会的创始人克里斯·安德森说：“曾经，知识经济中的人说，你要保护如黄金般的知识，这是你唯一的价值。但是，当全球都联系在一起后，游戏规则改变了，每个人都互相关联，一切都会快速发展。当知识传

① TED，Technology、Entertainment、Design在英语中的缩写，即技术、娱乐、设计，是美国的一家私有非营利机构。

播出去后，会以最快速度到达全球各地，得到反馈，得以传播，而它的潜在价值是无形的。”

（参考自TED官网，2019-01）

在TED平台上，人们不仅能够看到大量的数字化资源——来自全世界各领域的前沿创造者分享自己的观点、见解、方案，还可以通过该平台做笔记，记录自己的感悟与想法。该数字化平台不仅可以为学习者推荐、提供各种各样的个性化数字化资源，还可以让他们看到全世界不同领域的人们的留言评论，让大家通过各种方式彼此沟通。

TED数字化平台的学习功能和延伸出来的线下讨论与分享活动值得被信息技术课程教学采用与借鉴。教师可以合理地运用TED平台激励学生开展“信息技术+TED”的创意分享会，整合线上和线下的资源，促进教学创新。

随着教师越来越多地使用数字化平台开展教与学的活动，各个数字化平台累积了越来越多的学习数据。教师需要充分认识学生学习数据的重要性，根据数据更有针对性地进行基于核心素养的评价，更合理地设计教学活动。

案例

案例 2.1-6　教学互动评价平台

教学互动评价平台非常多，而且越来越多地采取免费的模式，教师可以更加便捷、零门槛地采用各类平台。例如，UMU平台可以通过移动互联网帮助教师更有效地实施教学，教师可以免费地创建课程，学生可以便捷地加入其中。在平台上创建的课程，可以覆盖课前、课中、课后三个学习阶段，并通过丰富的手段来提升教与学的质量与体验，例如通过创建选择题、填空题、解答题、投票题等方式展开教学互动。在整个过程中，数字化平台自动采集并记录每一位学生的学习数据，帮助教师现场开展互动和课后深入分析。

数字化平台提供的师生交互、教学互动、过程性评价等功能，使得线上和线下的混合教学变得可行，教学时空不再局限于一教室、一课堂，这是信息技术发展提供的便利，也是教师面临的机遇与挑战。

三、混合工具

数字化学习环境的构建，不仅是一系列资源的整合和各种数字化平台的融合，还需要进一步混合各类数字化工具，这些数字化工具拓展了学习与创新空间。过去，信息技术教室往往默认为计算机机房，机房是支撑起信息技术教学的重要空间，见证了信息技术课程发展的重要阶段。随着时代的发展，大量数字化工具涌现出来，这些数字化工具越来越多地运用于信息技术课程中，自然而然成为数字化学习环境不可或缺的组成部分，信息技术教室需要被重新定义与构建。与信息技术密切相关的数字化工具成为信息技术课程模块的一部分。例如，在选择性必修课程中包含了“三维设计与创意”“开源硬件项目设计”，这两门课程与三维打印、虚拟现实、开源硬件等数字化工具密切相关。

案例

案例 2.1-7　三维打印

三维打印是快速成型技术的一种，它利用数字模型文件，采用塑料合成材料或粉末状金属等可黏合材料，通过逐层打印的方式来构造物体。三维打印技术早期主要用于制作一次性样品(例如工业生产的模具)，可以大大节省模具的设计和制造成本。后来，随着技术的发展，各种各样的物品被打印出来，三维打印技术在越来越多的领域展现了其非凡的潜力。

桌面级的三维打印机正在越来越多地被设计师、工程师、教育者等各领域专业人士采用。首先，在计算机上设计出三维立体模型；然后，将计算机三维设计模型的数据传送到三维打印机，液态塑料打印材料送至打印头，利用打印头在一个托盘上喷出超薄的液体塑料层，经过紫外线照射而凝固成型。另一种三维打印塑料制品的方式是熔融沉积成型(Fused Deposition Modeling，FDM)，即通过高温的打印头将塑料融化，然后喷出丝状材料，从而构成一层层薄层，最后累积成为一个三维的立体物体(图2.1-2)。借助三维打印技术，学生可以在教师的引导下进行三维建模，将技术与艺术有机结合，运用三维设计技术创造性地解决真实情境中的问题。三维打印技术帮助师生在课堂有限的时空内，将数字化的三维模型通过“打印”的方式直接变成现实世界中的实体模型。

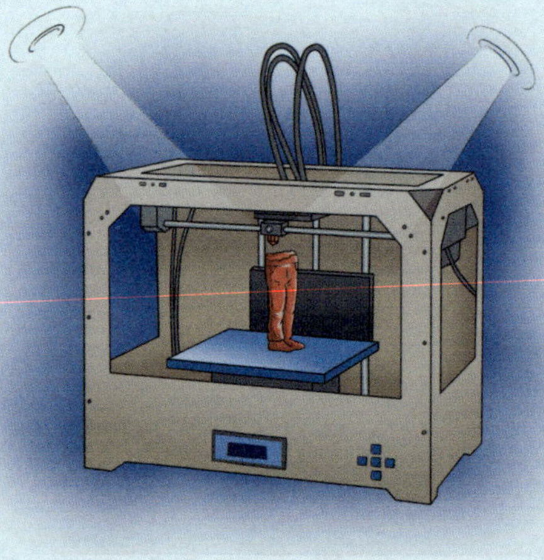

图2.1-2　三维打印示意图

激光切割机也是一种数字化加工设备，它是一种快速成型的数字化工具，通过激光切割机可以直接进行快速加工，例如对硬纸板进行快速设计与切割。激光切割机的应用更多的是平面切割，在加工时间上具有很大优势，可以非常快速地完成加工过程。通过对纸板进行拼接设计，可以实现非常多的创意。

各种各样的数字化工具，例如三维打印机、激光切割机、小型加工车床等，实现了从“所见即所得”到“所设计即可成型”的数字化全流程设计，带给人们全新的数字化生活体验。

案例

案例 2.1-8　开源硬件

Arduino的诞生是开源硬件发展史上的一个里程碑。Arduino是一款便捷灵活、方便上手的开源电子原型平台，包含硬件和软件。硬件是Arduino电路板，通过各种各样的传感器来感知环境，通过电机和其他执行设备来实施控制；软件指Arduino IDE，Arduino是程序开发环境。在Arduino IDE中编写并调试好程序代码，下载到Arduino电路板后，就可以控制Arduino硬件（图2.1-3）。

图 2.1-3　Arduino 电路板

三维打印机、激光切割机、开源硬件等一系列数字化工具给学生带来了全新的学习体验，让学习的过程也成为创造的过程、创造的过程成为学习不断进阶的路径。这些数字化工具不仅帮助学生在代码层面、数据层级、网络空间进行创造，还串联起真实的物理空间，让学生可以基于真实的问题设计解决方案，在现实世界中开展迭代设计和研究。在数字化工具的助力下，学生能够更好地进入任务的情境之中，在复杂、真实的环境中创造性地解决问题。数字化工具正在让教室里一张张用于阅读、记录、写作的课桌转变为一张张用于实践、协作、创造的工作台。

教师需要特别注意学生是否运用了数字化环境，却没有进行深入的、个性化的探索，而只是关注于技能训练和工具运用。教师不仅需要与学生一起构建数字化学习环境，还需要从过去统一的、单调的学习任务中跳出来，创设出真实的、能够不断激发学生内在动力的任务，同时，也要鼓励学生自己创设任务。只有这样，丰富的数字化学习环境才会借助智慧的教学设计发挥出最自然、真实、强大的作用。

第2节　创新多样教学策略

提升学生的数字化学习与创新核心素养，需要教师在创设数字化学习环境的基础上，进一步创新多样教学策略，例如，采用以大单元整合课堂教学、头脑风暴激发创意想法、思维导图引导想法可视化等教学策略。

一、以大单元整合课堂教学

随着课程改革的深入，教师从原先注重知识点的教学转变为更注重学生学习的过程，关注自主、合作、探究的教学方式渐渐深入课堂教学实践之中。教师在教学设计上需要注重学生学习的设计，然而，如何实施基于学科核心素养的教学，如何进一步设计教学任务、学习活动以及教学评价，这些依旧充满挑战。

以前，信息技术的教学往往采取一节课多个小任务，甚至一个重点操作步骤设计成一个个子任务的方式进行教学。这种方式的好处在于教学更有针对性，对技能的掌握和训练更直接高效。但是，因为任务多，过于琐碎，学生容易陷入记忆固定操作步骤的“死胡同”，缺乏从知识与技能上升到学科核心素养的视角，对学生迁移能力、解决问题能力、创新能力等方面的关注不够。由于任务过小、过细，教学还没有充分展开就结束了，导致学生并没有从根本上理解、内化知识，难以迁移应用并提升素养。

基于数字化学习与创新核心素养的教学，可以采取大单元整合课堂教学的方法。大单元整合课堂教学是指针对信息技术学科核心素养，依据课程标准，围绕大概念、内容标准、素养评价水平等，选择和设计大单元核心问题、核心任务，将子任务有序组织起来，通过对核心概念的分析，对课程内容进行结构化梳理，分析核心概念中蕴含的学科思想、方法和技术发展线索，以此定位单元主题、课时、任务、评价等。

案例

案例 2.2-1　智能贺卡的系统设计与迭代开发

在人们的生活中，各个节日互赠贺卡的习俗由来已久。你有自己制作贺卡赠予朋友的经历吗？试想，如果你在朋友聚会或小伙伴生日当天赠送的贺卡，除了有温馨的文字和精美的图案，还能自动播放一段美妙的音乐，这是多么有趣的事情！下面一起了解如何采用开源硬件与传感器，自己制作个性化的音乐贺卡。

任务 1：创建发声的闭环

雏形设计是经常用到的一种设计方法。一个光感应音乐贺卡的雏形，不仅要有漂亮的外表，还需要能够发出声音，因此需要寻找一种可以感知并控制声音的方式。下面试着创建一个最简单的贺卡雏形。

在设计过程中，会有一系列的问题。例如：声音是什么？声音是怎么产生的？一个发声装置的原理是什么？如何给发声装置设置一个开关？如何用不同的传感器取代开关？可以实现哪些不同的效果？

任务 2：执行指令的贺卡

本任务是在了解发声的基本原理和音乐特性的基础上，利用单片机控制蜂鸣器播放音乐。单片机是整个系统的控制器，同时也存储音乐曲目；采用按钮的方式作为输入；蜂鸣器是系统的输出器件，可以发出声音。

任务3：光敏传感器控制音乐贺卡

添加光敏传感器作为输入设备进入系统，让单片机处理并判断光敏传感器获取的数值，判断光线是否足够，满足要求再控制蜂鸣器发声。为了达成上述要求，如何设计并实现其功能要求？

任务4："聪明"的贺卡

如果贺卡只能演奏一首曲子，是不是过于简单？如果贺卡可以演奏多首曲子，还可以设定根据灯光强弱演奏不同的曲子，那么这个贺卡是不是会更有趣、更好玩？如何设计一张"聪明"的贺卡，尽可能地体现贺卡的"智能"？

【案例分析及说明】

该案例是制作一个光感应音乐贺卡，通过具体的制作过程，了解一个信息系统的基本原理和组成。制作过程从基本音乐编曲到多曲目的复杂应用，层层推进，在学习使用硬件的同时，也学习了输入/输出语句、条件判断语句、多路分支语句等软件知识。通过学习，学生达成如下具体目标：

1. 理解声音的原理，明白蜂鸣器的作用，知道蜂鸣器在这里是作为一种输出设备，启动蜂鸣器会发出声音。

2. 理解典型传感器的基本特征，会使用光敏传感器，理解光敏传感器在这里是作为一种输入设备。

3. 了解简单信息系统的组成，学会硬件搭建和软件设计的流程。

4. 知道一些常用控制语句的使用方法，如输入/输出语句和条件判断语句。

5. 理解并掌握系统设计的基本方法。

6. 理解程序框图的含义，会根据不同需求和目标设计程序框图。

7. 掌握多路分支语句的使用方法，能设计、运用具体功能。

上述目标达成后，学生还需要根据自己的喜好选择漂亮的卡纸，写上美好的祝福语，将其包装成精美的礼物。光敏传感器在生活中的应用极为广泛，如太阳能路灯。让学生思考它的组成部件有哪些，并尝试设计一个昼夜都可用的太阳能照明系统。蜂鸣器除了用于音乐编曲，还可以应用到其他场合，如报警、提醒和报时装置等，思考并尝试设计出相应的应用系统。

虽然本册书重点探讨并强调信息素养之一——数字化学习与创新，但是在大单元设计的过程中需要全面考虑该大单元涉及哪些信息技术学科核心素养，要兼顾、融合其他信息技术核心素养进行设计。大单元教学促进学生成为信息技术的使用者、创造者，让他们具有信息意识，拥有计算思维，承担信息社会责任。教师在进行大单元设计时，应围绕解决问题的过程，思考信息意识、计算思维、数字化学习与创新、信息社会责任的综合体现。当然，也不必在一个大单元中就追求全面覆盖所有信息技术学科核心素养。

二、头脑风暴激发创意想法

基于数字化学习与创新核心素养的教学策略应该是多元化的，教师需要不断地寻找更加适合的方式，以激发学生的学习能力与创造力。头脑风暴法，就是信息技术课程教学经常采用的激发创意想法的教学策略之一。

当学生围绕一个特定的主题时，经常会产生一闪而过的想法，这些想法中不乏精彩的好点子、突破性的新方法，但是，如果没有让想法可持续地发酵，通过讨论、设计，不断迭代，想法将无法真正转化为创意。因此，教师需要采用一定的策略去激发学生产生想法，并让想法有效地在群体之间分享与交流。

教师可以采用头脑风暴法激发出学生的创意想法。当学生有了新的观点时，要鼓励他们表达出来，然后在他人提出的观点之上建立自己或群体的新观点。要记录所有的观点，群体之间先不进行评论，等头脑风暴结束之后，再对这些观点和想法进行总结和评估。该教学策略的特别之处在于让学生敞开思绪，使各种设想在相互碰撞中激起脑海的创造风暴。

头脑风暴法有比较成熟的模型，经过长期的检验与实践，一般有以下几个要点：**确定议题、小组分工、制定规则、自由畅谈、延时评判、追求数量**。

确定议题：一场头脑风暴法的活动，从对核心问题的准确阐述开始，必须确定一个核心问题，使学生在头脑风暴之前，能够准确理解通过这次头脑风暴要解决什么问题。为了使头脑风暴学习活动在有限的课堂时间内效率更高，可在课前通过数字化平台让学生开始做准备工作。例如，课前让学生知道核心问题要解决问题的真实情境，引导学生在课前进行资料的收集和整理，也可以提供一些相关资料给学生进行课前学习。

小组分工：需要注意的是，参与头脑风暴的人数是有限的，一般为5~12人。一个班的人数往往在30~50人之间，教师需要进行分组，并且限定小组人数，然后再开始头脑风暴活动。人数的设定尤为关键，确定每小组5~12人之后，教师可以让学生对小组成员进行角色分工，其中至少需要1名记录员，记录员负责记录活动中所有人的想法和观点，也包括自己的想法和观点，还可以设置其他角色，如计时员、统计员等。

制定规则：制定规则是整个活动的关键。例如：把每个观点都可视化地表现出来；参与者不能消极旁观，要积极参与；不要私下议论，先不要评价观点本身；提出想法要直接，不要过多委婉的解释；等等。教师可以根据情况设置每次头脑风暴的时间，一般课堂内的头脑风暴为5~15分钟较为合适。

自由畅谈：不应该让学生受到任何条条框框的限制，要让他们的思维自由驰骋。学生可以针对核心问题，从不同角度、不同层次、不同方位，大胆地展开想象，尽可能地提出原创的、有价值的想法或观点。

延迟评判：必须坚持当场不对任何观点作评价的原则。既不能肯定某个想法，又不能否定某个想法，也不能对某个观点发表评论性的意见。一切评价和判断都要延迟到头脑风暴活动结束以后才能进行，严禁批评是头脑风暴法应该遵循的一个重要原则，因为批评会对创造性思维产生抑制作用。

追求数量：头脑风暴的目标是获得尽可能多的想法，追求数量是它的首要任务。

在整个头脑风暴活动过程中，教师起到非常重要的作用。首先，教师选择的核心问题非常关键。其次，在活动过程中，教师还要把握小组分工、规则制定、自由畅谈、演示评价等环节，这些环节把握好了，学生才能真正地开展观点的分享与碰撞。教师需要知晓头脑风暴的首要目标是追求想法的数量而非质量，这样的好处是促进群体发散思维，有助于学生的想法多元化。同时，教师也需要明确这种教学策略有一定的局限性，需要和其他教学策略相辅相成，才能更好地激发出有价值的原创想法。

案例

案例 2.2-2　文字云

当学生迸发出多样化的想法之后，可以借助数字化工具，采用文字云的方式进行快速再现。文字云会自动将出现频率更高的词语以更大号的字体呈现出来（图2.2-1），因此，采用文字云的方式，可以更加直观地呈现群体想法中的高频词。

图 2.2-1　文字云

除了采用头脑风暴法之外，还可以配合采用六顶思考帽的教学策略。**两种教学策略关注点不同，相比于头脑风暴法追求群体想法的数量，六顶思考帽更加关注群体想法的广度和深度。**

六顶思考帽是一套长期实践下来的理论与实践框架，通过六种不同颜色的帽子代表六种不同的思维模式，当学生戴上不同颜色的帽子，就可以采用不同的思维模式进行思考。六顶思考帽提供了“平行思维”的工具，避免将时间浪费在互相争执上，使混乱的思考变得更清晰，使群体中无意义的争论变成集思广益的创造，使每个人变得富有创造性。

六顶思考帽代表了六种基本的思维模式。

白色思考帽：白色是中立而客观的。

红色思考帽：人们可以表现自己的情绪，还可以表达直觉、感受、预感等。

绿色思考帽：寓意创造力和想象力，具有创造性思考、头脑风暴、求异思维等功能。

黑色思考帽：运用否定、怀疑、质疑的看法，进行合乎逻辑的批判，找出逻辑上的错误。

黄色思考帽：从正面考虑问题，表达乐观的、满怀希望的、建设性的观点。

蓝色思考帽：负责控制和调节思维过程，控制各种思考帽的使用顺序，规划和管理整个思考过程，并负责作出结论。

六顶思考帽的教学策略可以灵活应用，也可以采取一定的逻辑序列促进思维的递进，下面是一种促进递进思考的常见序列：① 陈述问题（白帽）；② 提出解决问题的方案（绿帽）；③ 评估该方案的优点（黄帽）；④ 列举该方案的缺点（黑帽）；⑤ 对该方案进行直觉判断（红帽）；⑥ 总结陈述，作出决策（蓝帽）。

在数字化学习环境下，无论采用头脑风暴法还是六顶思考帽，或者其他激发群体想法的教学策略，都可以采取线上和线下相结合的方式，在数字化平台开展混合学习的教学活动。

三、思维导图引导想法可视化

在信息大爆炸的互联网时代，大量信息充斥着人们的生活，但是，找到信息并不意味着理解信息，也无法将其直接转化为自己的智慧。只有在自己的大脑里建立起数据、信息、知识、智慧之间的关联，才算是真正的学习，才能真正地提升学生的数字化学习与创新核心素养。教师可以采用思维导图工具，引导学生将想法可视化，关注过程中学生对信息的理解、关联、建构，从而促进学生的学习与创新。

思维导图又叫心智导图，是表达发散性思维和梳理信息关联有效的图形思维工具。思维导图运用图文结合的方式，把各级主题的关系用相互隶属或相关的层级图表现出来，将主题关键词与图像、颜色等建立起相关联结。思维导图充分运用大脑的机能，利用记忆、阅读、思维的规律，协助人们在科学与艺术、逻辑与想象之间平衡发展。

思维导图节点之间的关联，模仿了大脑神经元之间的联结。思维导图将思维形象化，发散性思考是人类大脑的自然思考方式，每种进入大脑的“资料”，各种感觉、记忆或想法——文字、数字、符号、代码、味道、实物、线条、颜色、意象、节奏等，都可以成为一个“中心主题”，并由此中心向外发散出成千上万的节点，每一个节点都代表中心主题的一个联结，而每一个联结又可以成为另一个中心主题，再向外发散出成千上万的节点，呈现出放射性立体结构，这些联结可以视为记忆，就如同大脑中的神经元一样互相联结，也就是人们的个人数据库。思维导图是使用一个中央关键词或想法引发形象化构造和分类想法的思维工具，使用一个中央关键词或想法以辐射线形连接所有的代表字词、想法、任务或其他关联项目的图解方式。思维导图不仅可以用纸笔的方式绘制，还可以采用数字化工具来绘制。

教师引导学生采用思维导图的方式，结合数字化学习环境，不仅可以让学生单独绘制，而且可以群体合作绘制；不仅可以在课堂内实施，而且可以实现课堂外跨时空的合作；不仅可以同步实时绘制，而且可以异步协同绘制。因此，运用思维导图开展教学活动可以灵活多样，当学生个体或群体对某个专题有想法的时候，都可以采用思维导图的方式进一步发散、梳理、协作、分享与呈现。例如，一组学生承担设计学校官网的项目，他们需要进行分工合作，梳理出官网的不同模块和功能，这时候就可以通过思维导图的方式进行核心节点、重要节点、小节点的梳理。通过梳理节点，明确任务分工，针对服务器架构、网站定位、功能板块等进行设计，让学生对项目目标有更清楚的认识，在项目的进行过程中不断修改思维导图，优化设计。

思维导图是呈现结构化思维的有效方式。教师可以引导学生展示绘制的思维导图，把思维导图贴在教室显眼的地方，如设置思维导图展示墙，尽可能地让学生的想法得到更多分享与交流的机会。

第3节　基于真实情境的产品设计

一、创设真实情境

基于核心素养的学习，离不开真实情境。近20年来，自主、合作、探究的教学方式深入人心，但新的问题也随之凸显，如“短”“细”“假”。短，即活动时间太短；细，即活动任务太琐碎；假，即活动情境虚假。这样的课堂活动非常普遍，学生对此类活动没有任何感觉，感受不到活动与“我”有什么关系，对活动不感兴趣，活动的育人价值自然得不到落实。因此，教师创设真实情境意义重大。

真实情境是指作为一名社会公民，在现在以及将来的社会中生存与发展所能遇到的情境。OECD[①]开展的PISA[②]测试项目将情境分为科学情境、数学情境和阅读情境。科学情境又进一步分为作为个人所面对的问题（如网络连接、能源使用），作为一个社区成员所面对的问题（如网络基站的位置、发电站的位置）和作为一名世界公民所面对的问题（如全球网络地址问题、全球网络域名分布问题、全球变暖问题等）。信息技术学科可以结合自身特点，给学生提供不同层次、不同类型的真实情境。

这里的“真实”包含几层含义：一是让学生在自己与所学、所做的事之间建立关联；二是强调学习主体的亲力亲为，即让学生亲自做事；三是要学

① OECD：经济合作与发展组织，Organization for Economic Co-operation and Development的英文缩写。

② PISA：Program for International Student Assessment的英文缩写，是一项由OECD统筹的学生能力国际评估计划。

生做的事情是真实的，而不是虚拟或虚构的；四是要尽可能地让学生完成的任务是一件完整的事，而不是某件事的一小部分。

案例

案例 2.3-1　烽火台传递军情

烽火台又称烽燧，俗称烽堠、烟墩、墩台，古时用于点燃烟火传递重要的消息，为防止敌人入侵而建，如有敌情，可以通过燃烧稻草等可燃物，用烟火通报敌情，白天施烟，夜间点火，台台相连，传递消息。烽火台是古代重要的军事防御设施，用烽火台传递军情是古老而行之有效的消息传递方式。

虽然烽火台传递信息是一个非常不错的案例，也是古人智慧的体现，但是，这个情境并不能算作真实情境。首先，烽火台与学生的日常生活有很远的距离，大部分学生难以感受其真实发生的背景；其次，这个案例仅能再现古代的信息传递方式，却无法延伸至现实世界加以体验与应用。因此，烽火台传递军情，只能作为一个导入环节的案例进行剖析，并不能作为真实情境进行应用。

案例

案例 2.3-2　微信运动与刷步神器

微信运动（图2.3-1）是微信的一项服务功能。用户关注“微信运动”公众号可以查看自己和好友每天行走的步数，还可以查看排行榜，为好友点赞。微信运动操作方法简单，只要每天携带手机、智能手环或穿着智能鞋、其他支持微信运动的计步设备，运动的数据就会自动导入排行榜，每时每刻和好友一决高下。一天结束后查看自己的排名，互相点赞，已经成为不少人的习惯。

图 2.3-1　微信运动

微信运动鼓励锻炼的形式，极大提升了人们的参与度。为了让自己的步数能领先，人们的运动积极性明显增强。原来乘电梯上下楼，现在改为走楼梯；原来乘车上下班，现在步行几站再乘车；家里缺了日常用品，走到超市去买；晚饭后也要出去溜达一圈……

在微信运动开始风行的同时，一些“别出心裁”的“技术”手段也应运而生，如刷步数的APP[1]、暴走刷步器等（图2.3-2）。

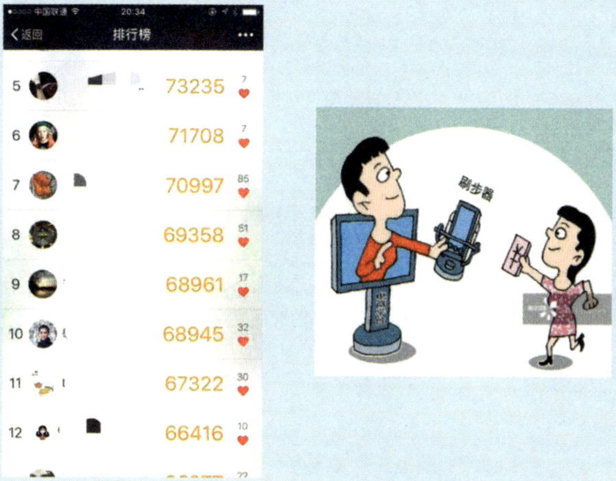

图 2.3-2　刷步数的APP和刷步神器

① APP：应用程序，application的缩写，主要指安装在智能手机上的应用软件。

微信运动与刷步神器这一案例，具备教学的真实情境。首先，微信运动在学生的生活中很常见，大多数学生对微信运动有所了解。其次，微信运动不只是简单的例子，还可以在真实情境中让学生不断深入体验和探索。例如，让学生探讨微信运动的漏洞，现有的作弊方式与这些漏洞有什么关联，这些漏洞是否可以避免，如何防止作弊；微信运动获取的用户数据是否会导致隐私泄露，谁该为产生的后果负责；让学生设计一个类似微信运动的计步应用程序，理解该应用程序如何运用传感器获取数据。该案例具备真实情境，有很好的可拓展性，可以基于该真实情境展开大单元的教学设计。

案例

案例 2.3-3 大数据出行服务

《飞常准》是一款专业的航班出行服务APP，于2011年正式上线，致力于为用户提供一站式、多元化航班出行解决方案，是民航领域常用的APP之一（图2.3-3）。航班线路的查询、机票预订与支付、值机以及整个服务过程中的信息反馈，《飞常准》均能省时、省心地完成。

《12306》APP是中国铁路客户服务中心推出的官方手机购票应用软件，与火车票务官方网站共享用户、订单、票价等信息，并采用统一的购票规则。APP具有车票预订、在线支付、改签、退票、订单查询、常用联系人管理、密码修改等功能（图2.3-4）。

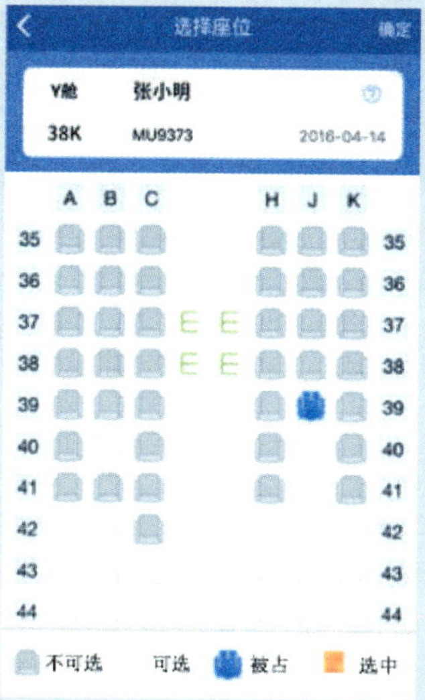

图2.3-3 《飞常准》值机界面

图2.3-4 《12306》查询车票

《巴士管家》是一款汽车票和用车服务在线预订软件。使用《巴士管家》APP可以随时随地订票，呼叫客服在线答疑，无须取票，扫码上车即可（图2.3-5）。

图2.3-5 《巴士管家》出票成功的界面

《8684公交》是一款能提供国内城市公交信息查询功能的手机应用软件，有Android和iOS两种版本，其数据库更新及时。《8684公交》APP可提供换乘查询功能，输入起点站和终点站名称，即可查找到换乘方案。《8684公交》APP的“附近站点”功能，可利用全球卫星导航系统自动查找附近站点，并显示在地图上。《8684公交》APP还提供查询结果分享功能，用户可以通过短信、微博、邮件等多种途径分享查询结果。此外，《8684公交》APP提供的闹铃功能，可以提醒用户即将到达设置的目标站点，避免坐过站。

大数据出行也是贴近学生日常生活的真实情境，通过这些真实情境，学生可以看到数据开放、数据共享等的应用过程，《飞常准》《12306》等出行服务APP，给人们带来了生活方式的巨大改变。这些真实情境给学生提供了进一步学习、体验与设计的空间。教师可以让学生进一步探究这类应用程序如何获取数据，如何使用数据接口，如何整合数据，如何达到更好的数据可视化效果等一系列问题。此外，教师还可以引导学生在大数据支持智慧出行这一背景下继续创造，例如，让学生探索通过人脸识别技术确认身份，尝试实现更多个性化的出行定制服务，如提前订好旅行途中的餐饮和报纸等。

通过引导学生在众多熟悉的真实情境中去体验、理解与探索，教师可以协助学生建立新的认知并进行创新。但是，最终的效果仍取决于学生的独立思考与实践，学生的思考过程与实践结果不需要与教师完全一致，教师的作用是引导，启发学生不断探索与进阶，而学生不需要完全采用教师的方法或模式。在信息技术教学实践中，如果学生知道了完整的解释，那种亲历过程而产生的兴奋感和满足感就没有了。因此，从一开始就应鼓励学生养成在真实情境中思考与实践的习惯，培养其数字化学习与创新的能力。

二、引导设计思维

真实情境不仅能够激发学生的好奇心和求知欲，还能够促进学生一系列的设计、反思、创造、分享、交流等活动，从而进一步点燃他们的学习热情，使其形成良好的学习习惯。教师要引导学生主动参与对所学知识的探索发现和认知过程，体验学习的乐趣，并且让他们能够“低门槛”地基于产品设计进行学习。这样的学习方式，不仅能够帮助学生有效掌握知识、灵活解决问题，还能够培养学生不断探索、勇于创新的科学精神，拓展他们的人文视野。因此，教师在真实情境中可以进一步引导学生面对问题、发现问题、解决问题的设计思维。

引导设计思维可以有5个步骤：**了解需求、界定问题、构思方案、设计原型、测试反馈**。教师可以将这5个具体步骤转化为教学活动展开教学。

了解需求指的是在设计之前全方位地进行需求调查。需求方可以是设计者自己，也可以是其他对象。如果需求方（用户）不是自己，就需要去观察用户、了解用户，方式可以是观察、对话、访谈等，然后对收集来的数据进行分析，深入理解用户的目标、动机、行为、想法、态度和价值观等。

界定问题指的是定位目标人群和环境，定义一个观点作为设计的原则性观点，同时界定设计中的要点。

构思方案是指通过头脑风暴、情景模拟等多种方法想出新点子，这个环节要注意需要多学科背景人员参与。

设计原型是指运用多种方式将设计想法可视化。将想法可视化，在不同阶段可采取不同清晰度的原型，早期可以做草模或功能原型给用户测试使用，中后期可以制作更为完整、细节更加丰富的数字化产品原型或高保真原型等。

测试反馈是指从技术、商业、文化等多维度对设计进行可行性评估，并引入目标用户进行测试，用来筛选方案、调整方案或重新设计。让目标用户使用产品原型，以获得反馈来修改、调整原型，或重新设计。要注意测试和反馈始终要贯穿流程的各个阶段。

引导设计思维教学策略培养学生数字化学习与创新素养的核心要义就在于，将原本偏向于技能、技术本身的学习，迁移到真实情境下的设计过程中。设计的过程往往是开放的、个性化的、没有标准答案的、需要群体协作的，这也正是真实世界的创作过程。而引导设计思维的5个步骤（了解需求、界定问题、构思方案、设计原型、测试反馈）给予教学设计活动更多框架性的参考，让设计过程不拘泥于某个环节，而是一个完整的过程。

案例

案例 2.3-4　给家里的老人设计一款公交 APP

公交APP可以实现“公交车到站时间”和“公交车到站距离”可视化，有效解决用户到站时间未知、等车时间不可控等问题，缓解用户由此引发的焦虑情绪，功能强大、界面简洁。用户通过公交APP还可获得相关线路的精准、实时信息，包括途中公交的实时路况以及到站信息，如到站时间、到站距离等。

在设计之前，先试着搜索一下是否已经有针对老年群体的公交APP。比对现有的各类公交APP，如《熊猫公交》《兜兜公交》《爱帮公交》《腾讯实时公交》《掌上公交》《车来了》《公交e出行》《8684公交》(图2.3-6)，比对后选择其中优秀且适合的推荐给长辈使用，进一步了解他们的需求是否得到满足，从而界定问题。

教师引导学生在此基础上根据长辈使用此类应用程序时的实际体验，以及老年人群体的特殊需求，如超简洁界面、大字体和语音报站等，提出构思方案和设计原型，进行全新设计。

图 2.3-6　《8684 公交》APP

在上面的真实情境中，教师可以引导学生展开设计思维，从而培养学生的数字化学习与创新素养。设计的案例能充分调动学生的积极性，进行小组协作，完成设计过程，在了解需求到界定问题的环节中，探讨老年人到底需要什么样的公交APP，也许学生讨论出来的结果是老年人根本不需要公交APP，那么，其他的替代方案是什么？为什么这个替代方案更有价值？如果已有的APP不能够满足老年人的需求，那么新的设计方案是什么？尝试设计一个产品原型并进行反馈。信息技术的学习与创新不是复制过去的方案，而是不断激励学生探索新的设计方案。学生展开设计思维的过程，能够帮助他们更全面、真实地面对问题、发现问题、解决问题。

三、鼓励产品创作

教师创设真实情境，引导学生在情境中的设计思维，进而鼓励他们进行产品创作。在学生进行产品创作的过程中，教师需要多鼓励学生在创作中学习与分享，让学生逐步感受到学习不是被动接受，而是主动参与，而数字化创新也不只是模仿复制，还需要不断突破，提出具有原创性、有价值的方案并加以实施。因此，教师需要精心设计教学环节，合理运用教学策略，鼓励学生以产品作为学习与创新的输出成果。

教师可以结合信息技术的学科特点，将以前布置的课后作业转变成作品设计，进而将大单元的创作转变为产品设计。以前的作业偏向于针对性的技能巩固和知识点的回顾与练习，而作品将上升到一个更高的层次，作品不仅针对具体内容与知识技能，而且是学生学习与创新的完整呈现，反映了学生面对问题、发现问题、解决问题的全过程。教师可以针对大单元布置产品创作的大任务，产品需要考虑多种要素，从用户需求、产品定位、体验设计、功能创新、成本评估、市场反馈等多方面进行考量。设计出的产品是学生的创新成果，这些成果还可以在以后相关课程的学习中不断被论证，在不断的迭代中逐渐完善，甚至创造出现实生活中还没有的、非常有价值的产品。

案例

案例 2.3-5 智能家居产品的设计

智能家居是以住宅为平台，利用网络通信技术、安全防范技术、自动控制技术、音视频技术和传感技术将家居生活有关的设施集成的管理系统，可以提升家居安全性、便利性、舒适性、艺术性，并实现环保节能的居住环境（图2.3-7）。

图 2.3-7 智能家居设计方案

智能家居不仅具有传统的居住功能，还提供全方位的信息交互功能。智能家居使用物联网技术连接各种设备（如音视频设备、照明系统、窗帘控制系统、空调控制系统、安防系统、数字影院系统和网络家电等），提供家电控制、照明控制、室内外遥控、防盗报警、环境监测等多种功能和手段。

智能灯光控制系统实现对全屋灯光的智能管理，可以用遥控等多种智能控制方式实现对灯光的控制，从而达到智能照明节能、环保、舒适和方便的目的。

智能电器控制系统安全又智能，可以用遥控、定时等多种智能控制方式实现各类电器的智能控制，避免各类安全隐患，让人们享受各类电器带来的舒适体验。

智能安防系统能有效防止偷抢事件的发生，保护人们的人身与财产安全，还能显著提升生活品质。

教师引导学生搜索并分析已有的智能家居方案，让学生探索智能家居的实际需求，进一步鼓励他们提出新的智能家居整体方案。例如：有的学生提出智能家居的窗帘应该是自动调节的，可以根据光线的强弱与主人的习惯自动开关；有的学生说晾衣架可以根据天气情况自动伸缩，能避免突然下雨衣服被淋湿，能根据太阳的角度合理晾晒；有的同学提出智能家居方案中电冰箱也可以是智能的，当冰箱中缺少鸡蛋和牛奶时可以自行下单购买；还有的同学提出智能家居方案中，沙发、椅子、电视柜都可以根据主人的需求进行一键式移动，这样书房可以根据需要变成活动室，客厅也可以秒变大书房；等等。

从作业到作品，再到产品的转变，让学生可以在真实情境中创造性地学习，全面提升他们的数字化学习与创新素养。学生根据产品的需求、方案、模型、测试反馈结果进行迭代设计，能调动所学的信息技术相关知识与技能，并不断进行整合优化、深化学习与创新。

案例

案例 2.3-6　学生产品交易会

学生在教学实践中通过整合大单元进行各种各样的产品设计，但是，如果产品反馈仅仅来自于教师，无论是评分还是评语都无法给予产品更全面、多方位的反馈，这个时候就可以组织虚拟的产品交易会、产品拍卖会，教师提供给学生课程虚拟币或交易币，使得学生之间可以互相购买产品（图2.3-8）。

图2.3-8　产品交易会现场

一方面，学生通过产品交易现场对自己或小组设计的产品进行介绍，加深对产品的理解；另一方面，这种方式也有助于学生通过交易会收集更多的反馈，更全面地完善产品。学生产品交易会、拍卖会也可以设置开放日，邀请周边社区的人们参与，获得社会上更多人的真实反馈。

第4节　关注跨学科解决问题

一、基于信息技术的STEM教育

从课程实施来看，为提高学生应用跨学科知识解决真实问题的能力，发展学生的数字素养，将科学、技术、工程、数学学科的教育引入信息技术教育中，开展STEM①课程，已成为中小学信息技术教育的一种重要形式。

2012年，英国学校计算工作小组在“计算”课程研究中指出：计算机科学（信息技术）是一门典型的STEM融合课程，这门课程为学生提供了综合学科学习的途径，以及可以用于其他学科解决问题的技能和知识。信息技术在学生学习与生活中具有重要作用，其学习方式不应只是简单的知识传授与技能操练，更需要通过STEM跨学科整合方式，实现与其他学科的融合，将信息技术创新教育理念落实到教学活动和动手实践中，进而改变信息技术教师的教学方式和学生的学习方式，重构信息技术教学与评价体系[4]。麻省理工学院媒体实验室有个有趣的运营项目，叫作“终身幼儿园”，这个活动倡导创新学习的4P，即项目（Project）、同伴（Peers）、热情（Passion）、玩要（Play）。面对日新月异、不可预测的未来，师生需要保持一颗童心，运用信息技术探索跨学科的未知世界。

① STEM：Science（科学）、Technology（技术）、Engineering（工程）、Mathemathes（数学）的缩写。

案例

案例 2.4-1　从立体试衣到三维打印服装

在网上买衣服就像隔着一层捅不破的窗户纸，不管买家怎么睁大眼睛，也看不到自己穿上衣服的效果，买家买到的衣服尺寸不对、退换货麻烦、卖家因为退换货浪费大量客服资源，这些网上购物的烦恼一直困扰着买家与卖家。“网上试衣间”的出现，使得买家只要在网上输入腰围、胸围、身高等一系列数据，就能够看到穿上衣服之后的效果。系统还可以根据买家的体型数据，打造他们自己的专属服装模特，自动为买家推荐符合他们身材、年龄、社会背景的服装，方便用户选择不同风格的衣物。

更奇妙的是，人们研发出一件能真正实现量身定制的“衣服”。这件“衣服”内置150个传感器，对用户进行全身测量，并将获得的具体数据自动发送到配套的应用程序中，数据自动上传成功后，系统就会给用户推荐适合尺码的衣服，人们再也不用担心买错尺码了（图2.4-1）。

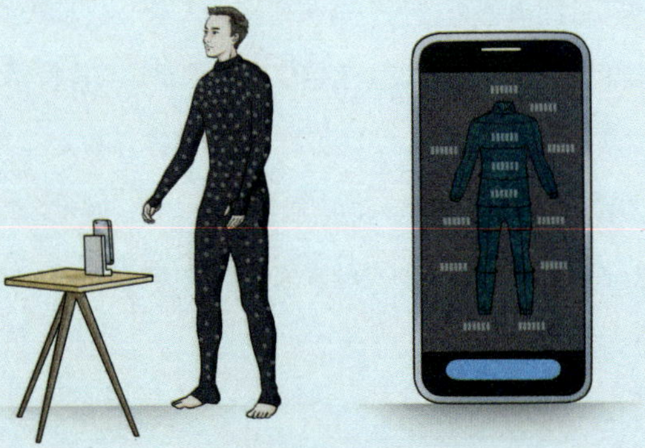

图2.4-1　量身定制衣服

既然已经可以虚拟试衣、自动获取体型数据，实现个性化定制了，那么，整个服装的生产过程是否能够不通过工厂，只借助家里的设备就可以制作完成呢？三维打印正在进行这方面的探索。当三维打印的服装首次亮相巴黎时装周时，科技和时尚的惊艳结合燃爆了全场，时尚前卫、复杂又极具想象力的造型吸引了各路设计师的眼光（图2.4-2）。

图2.4-2　三维打印的服装

（参考自《美国〈时代周刊〉：2018年全球50大最佳发明》，时代周刊，2018-12）

基于信息技术的STEM探究是一个不断面对真实问题的过程，真实情境中的问题本身就是跨学科的问题。上述案例中的虚拟试衣、三维打印，涉及科学、技术、工程、数学相关知识，这些都是信息技术与其他领域融合、创新的成果。教师可以引导学生更多地参与类似的综合项目，更灵活地迁移应用所学的知识与技能。

案例

案例 2.4-2 无人机带来的新物流

2016年3月25日，Flirtey公司在美国内华达州的霍桑市通过全自主的无人机完成城市快递服务。这架无人机按照预定的航线飞行，当靠近目标房屋时放下了一个包裹，里面有瓶装水、食物和一些救助用具，充分展示了无人机在紧急需要时起到的救援作用。据Flirtey公司的首席执行官马修·斯文尼(Matthew Sweeney)介绍：86%的包裹都在5.5镑[①]以内，无人机就是按照这种负荷来设计的，飞行里程可达10英里[②]。他们的下一目标是要进入日常生活更典型的城市生活环境里去。

2018年3月27日，在我国江西省上饶市召开的无人机航空运营（试点）许可证颁布大会上，民航华东地区管理局向顺丰旗下的江西丰羽顺途科技有限公司颁发了国内首张无人机航空运营（试点）许可证，这也标志着“顺丰物流无人机”正式开始商业化运营。

（参考自《美国第一个合法无人机送快递业务开始了》，网易科技报道，2016-04-18；《全国首个无人机航空运营（试点）许可证颁发》，央广网，2018-03-28）

无人机按应用领域分类，可分为军用与民用。在民用方面，无人机与各行业的融合，能发挥出巨大的应用价值。教师引导学生将技术运用到各种社会情境中，发现其对人们生产、生活的影响和真实的价值，这对学生来说至关重要。实施案例教学时，教师可以尝试运用无人机进行新物流设计，在课堂中可以模拟关键环节，引导学生一起研究优化方案，这类探索有助于更好地提升学生跨学科解决问题的能力。

① 1磅≈0.45 千克。

② 1英里≈1.61 千米。

基于信息技术的数字化学习与创新往往是跨学科的，也恰恰是因为其解决了真实的问题，因此非常有意义、有活力。在教学过程中，教师要善于引导学生发现生活中的真实问题，根据真实的需求设计出跨学科的解决方案，并在不断的迭代设计中完善。

案例

案例 2.4-3　智能水杯，提醒你的亚健康状态

你知道Cuptime①智能水杯吗？它可以记录你每一次的喝水量，并在合适的时间及时提醒你喝水。据说人们感到口渴想要喝水的时候，体内失水已经达到2%，口渴本身其实是体内已经严重缺水的表现，这是造成“亚健康”的致命习惯之一。同时，越不注意喝水，喝水的欲望就会越低，人就会变得越来越缺水。Cuptime就是专门为提醒使用者喝水而设计的。而更有意思的是，Cuptime将来还可以和Nike+②或运动手环的数据结合起来，知道用户经历了激烈运动，是时候该补充水分了。Cuptime智能水杯非常简洁，也非常有趣、富有个性，它能提醒人们关注“缺水”状态，帮助人们回归好的健康习惯[5]。

近年来，全球物联网产品急速增长，这个领域存在巨大的数字化学习与创新的空间。数字化学习与创新需要学生面向未来、结合自己的兴趣爱好、发挥内在潜能，为未来作准备。很多学生正在成为准创客，在万物互联的技术大背景下，他们通过使用开源软硬件和各种技术设备，实现自己各式各样的想法，展开多样化的数字化学习与创新实践。

教师要充分认识信息技术学科的独特育人价值，包括生存价值、发展价

---

① Cuptime：全球第一款智能水杯，除了可以精确记录每一次饮水量，提示水杯中的水温之外，还可以提醒用户在合适的时间喝水。

② Nike+：耐克公司研发的一系列健康追踪应用程序与可穿戴设备的总称。

值与伦理价值，引导学生思考科学、技术、社会与环境之间的关系，开展调查、探究、体验、讨论等活动，帮助学生感受信息技术对社会进步与发展的作用，感受人类在信息技术发展历程中表现出来的智慧，激发学生学习信息技术的兴趣与热情。学生利用互联网进行学科知识的学习，利用各种数字化工具进行跨学科问题探究将成为常态。

二、融合信息技术的创客教育

“创客”一词来自英文单词Maker，首次提出Web 2.0概念的戴尔·多尔蒂将那些愿意通过动手实践、努力将各种想法变成现实的群体称为“创客”。《连线》杂志前主编克里斯·安德森在《创客：新工业革命》一书中，将创客描述为：“首先，他们运用数字化工具，在屏幕上进行设计，并越来越多地用多种制造工具设计产品；其次，他们同时也是互联网的新一代，因而本能地会通过互联网分享各自的创意成果，将互联网文化与合作精神带入整个制造的过程中，他们一起联手创造着DIY①的未来，其规模之大前所未有。[6]”

案例

案例 2.4-4　给家人定制一盒月饼

创客不断通过创造事物、在产品制造中迭代设计，实现创意想法。创客具有很强的DIY属性，教师可以引导学生融合信息技术实现各种创意作品的制作。当学生学习了三维打印的基础知识后，教师就可以引导学生进行个性化作品创作了。例如，学生可以给家人制作一盒有趣的、个性化的三维打印的“月饼”（图2.4-3），至于这盒月饼是给谁的，怎么能更有趣，则全靠学生结合所学的信息技术知识和自己的创意来实现，学生还可以结合开源硬件项目和编程知识进行更多创意设计。

① DIY：Do It Yourself的英文缩写，意思是自己动手制作。

图2.4-3　三维打印的“月饼”

在实践的过程中，师生可以一起探索新的需求，进一步让三维打印的作品与真实情境中的应用产生关联。例如，学生发现这盒三维打印的“月饼”仅仅只是一个模型，虽然可以设计得很有创意，但是却无法品尝，和真实的月饼制作也没有关联，只能算一盒个性化定制的月饼原型。因此，有些学生提出三维打印的材料可以换成食用材料，还有些学生提出用三维打印技术设计月饼模具，这样更有利于批量制作真正的月饼。这些新的需求增长点都可以由师生进一步共同探索得到。

随着现代科技的发展，互联网将有创意的人们会聚在一起。与此同时，开源软件、开源硬件、三维打印等多种软硬件技术的发展，为创客提供了更为成熟的发展环境。创客是通过自己动手实践、借助科技手段，努力将自己的创新想法变成作品或产品的群体。“创客运动”是近年来兴起的，鼓励人们利用身边的材料、技术设备及其他技术资源(如开源软件、开源硬件)，通过自己或与他人合作创造出产品的运动。克里斯·安德森认为，“创客运动”是让数字世界真正颠覆实体世界的助推器，将掀起一场真正的“新工业革命”。耶鲁大学的犹采·本科尔教授提出的“大众生产”概念，将“创客运动”定义为一种基于“大众生产”的创新模式。马克·哈奇在《创客运动宣言》一书中认为，创客运动的核心是更好地获取工具、获取知识和构建人人参与的开放分配系统。

学校的创客教育是创客培养的一部分，它的价值在于通过创客教育激活学生的创造思维与创新意识，学生在校内的创客体验可以延伸到家庭创客空间、社区创客空间以及社会创业孵化中心，学生可以更有效地运用数字化技术，通过数字化工具降低制作产品的门槛，将自己的创意尽可能地实现。创客教育有助于更多学生打开视野，让学生不仅仅是一个学习者，还可以是整个创客运动、创新经济的一分子。

创客教育不仅可以满足学生自己的需求和爱好，还可以帮助学生洞见未来的需求，设计满足未来需求的产品。如果学生对机器人感兴趣，教师就可以引导学生设想机器人与人如何相处，怎样相辅相成，鼓励他们开展机器人创意比赛，设置与机器人的应用交互场景，进行创意设计与产品实现。

案例

案例 2.4-5　发现需求，创造新的网络方案

目前全球仍有三分之二的人因为森林、群岛或者高山等地形，无法使用快速、稳定的网络。2013年6月，谷歌推出了名为Project Loon的计划，该计划是谷歌X实验室的计划之一，通过多个热气球为指定地区的人提供快速且稳定的Wi-Fi网接网络，利用高空气球在全球范围内的偏远地区建设庞大的移动通信网络，向偏远地区提供等同于现在3G网络或更快的网络连接（图2.4-4）。

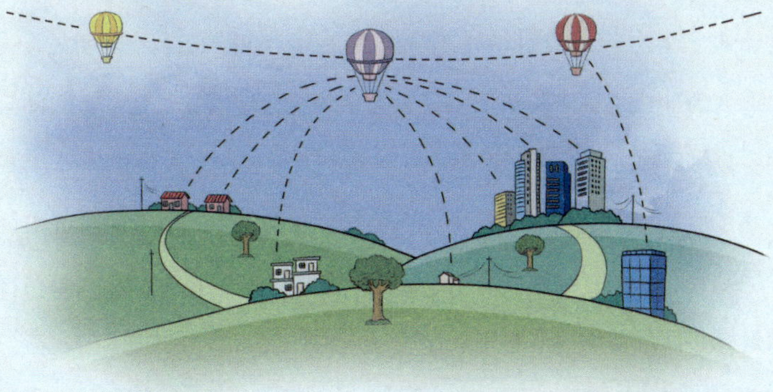

图 2.4-4　空中 Wi-Fi

（参考自《谷歌推出 Project Loon 计划，利用气球提供无线网络》，网评网，2013-06-15）

是否觉得上面这个案例的创意很大胆！更重要的是，这个创意考虑到了那些没有居住在城市里的人，设法营造了更好的网络环境。进一步思考，教育公平是否与网络公平有直接关系？虽然目前这种关系还不明显，但是显然网络差异加大了数字化鸿沟。

创新不易，Project Loon 计划从 2013 年起，直到 2017 年 10 月，谷歌公司才正式在波多黎救灾过程中大范围使用了这一方案，给受灾地区紧急提供基础网络。如今，人们依旧很难直接断定这样的方案是否真的可以大规模、低成本地普及。创新的过程总是机遇与挑战并存，创新时要想到更多的人，而不是只服务于少数人，这才是人类创造的初衷。

据联合国统计，截至 2019 年年底，全球人口已超 75 亿，然而，全世界网民人数约 40 亿。很多国家都在追求更快、更便捷的网络速度，但是，不得不承认，全世界还有很多人无法使用互联网，连网络的基础设施都不具备。在教学中，教师可以和学生一起探讨上面的问题，让学生更深入、更真实、更全面地了解数字化时代世界的全貌。既然还有30多亿人不是网民，无法上网，那么为什么还可以称这个时代为数字化时代、信息时代呢？教师尝试引导学生提供解决方案，了解世界上还有哪些人正在这方面做哪些努力。

基于信息技术的创客教育将个人爱好、社会需求，以及全世界关注的社会问题结合在一起对学生进行引导，使得学生不仅获得了制作产品的喜悦感和满足感，而且帮助他们真正开始关注人类社会的未来和技术的发展。创客教育需要更广阔的视野、更多样化的学习情境，以及更全面的社会关怀。

第 3 章
“数字化学习与创新”怎么学

“数字化学习与创新”作为信息技术学科的四个核心素养之一，可以通过什么样的方式来培养呢？本章分别从三个方面进行阐述。

第1节　感知数字化时代的学习与创新

从某种程度上可以说，当今学生一出生就已经身处互联网的大环境，提升学生的数字化学习与创新素养，对他们有着重要意义。许多信息技术设备的使用与管理，学生往往不需要教师指导就已经轻车熟路。但是，“数字土著”并不意味着天生就拥有数字化胜任力，缺乏正确的引导，也有可能成为“数字难民”。学生需要不断地感知数字化时代学习与创新的方式，才能够真正融入不断变化的时代，不断提升自己的数字化学习与创新核心素养。

一、了解信息技术发展的历史

了解信息技术发展的历史，可以帮助人们理解数字化时代学习与创新的变化规律。1998年，腾讯诞生；2000年，百度成立；2003年，淘宝网注册。这些如雷贯耳的互联网公司，其实都没有太久的历史。随后，互联网发展的速度越来越快，近年来，人们开始频繁地更换智能手机，购买平板计算机，微信逐步普及。现在，越来越多的新型网络平台迅速融入人们的生活、工作、娱乐场景之中，从不存在到逐渐普及，互联网的创新不是仅仅创造了从0到1的过程，而是在不断实现从1到100的进阶。

案例

案例 3.1-1 摩尔定律

摩尔定律是由英特尔创始人之一的戈登·摩尔提出的，其内容为：当价格不变时，集成电路上可容纳的元器件的数目，每隔18~24个月便会增加一倍，性能也将提升一倍。

半导体行业以摩尔定律呈现的规律发展了半个多世纪，对20世纪后半叶的世界经济增长作出了巨大贡献，驱动了一系列的科技创新和社会改革，促进了生产效率的提高和经济的增长，推动了计算机、因特网、智能手机等产业的发展。

尽管摩尔定律的现象已经被观察了数十年，但摩尔定律仍应该被视为是对现象的观测或对未来的推测，而不是一个物理定律或自然界的规律。从目前来看，未来的增长率在逻辑上无法保证会跟过去的数据一样，也就是在逻辑上无法保证摩尔定律会持续下去。虽然人们曾经预言摩尔定律将至少持续到2020年，然而，2010年国际半导体技术发展路线图的更新增长已经放缓，英特尔在22 nm和14 nm CPU制程上也已经放缓了技术更新的脚步。

通过了解信息技术发展的历史，学生能够更加深刻地体会到：以现在的技术发展规律来考量未来的发展可能性是具有局限性的，信息技术的发展不是简单的线性增长。

感知信息技术发展的历程，才能更好地认识到技术背后快速迭代创新的原因。没有数字化学习，社会将止步不前，知识将没有意义，甚至知识本身也会因为过于陈旧而被淘汰；没有数字化创新，人们不可能一次又一次设计出新的产品，制定出新的规则，创造出新的环境与机制。学生要感知技术的发展，懂得运用技术去创新，并不被技术所限制，不断突破技术的局限，创造新的可能性。

案例

案例 3.1-2　人类首次登月时使用的计算机

1986年，人类实现了首次登月（图3.1-1）。雷瑟奥恩公司于1966年为阿波罗计划设计制造了阿波罗导航计算机(Apollo Guidance Computer，AGC)，在登月飞船的命令舱和登月舱各安装了一台。当时的AGC并没有CPU，它由4100片集成电路组成逻辑模块进行运算，有4096字节可擦除磁芯记忆体，也就是4 KB内存。此外，AGC还有72 KB铁氧体铁芯读存储器，用于存储程序，相当于现在的硬盘存储，但是只能预先写好，不可删除、复制。由于飞船运载能力有限制，AGC的质量不能太大，因此能力很有限，它的运算能力比现代一台微波炉的程序运算能力还要低很多。登月操作主要是由地面的大型计算机控制，IBM公司的System/360①用于NASA②和飞船之间的通信，System/360的内存也只有1 MB。

图3.1-1　人类首次登月

① System/360：IBM在1964年推出的大型计算机，是世界上首个指令集可兼容计算机。

② NASA：美国国家航空航天局，National Aeronautics and Space Administration的英文缩写，又称美国宇航局、美国太空总署。

有人说，今天智能手机的计算能力远胜于当时登月使用的计算机的计算能力。的确如此，但是，当时的科学家在那么有限的计算能力下完成了人类首次登月，是非常不容易的，那不仅仅需要计算机有强大的计算能力，还需要有在极端温度环境下正常工作的耐受力。通过这个例子，学生可以更全面地了解人类使用技术进行创新、创造的艰难历程，感受科学家在有限的技术条件下克服困难、探索未知领域的决心与勇气。

二、发现数字化时代的变化

每个时代有每个时代的标志性特征：农业时代以耕种作为最主要的生产方式；工业时代是以蒸汽机为代表的一系列生产工具的变革，促进了各类生产流水线的应用，从而带来了生产力和生产关系的巨大变革。如今，人们身处数字化时代，以计算机、互联网、智能设备为典型代表的大数据经济给人类的生产、生活带来了新的变化。随着移动互联网、物联网，以及人工智能等技术的突破与发展，人类的学习、工作和生活模式将会发生巨大的变化，未来世界的发展将同时依赖于人工智能和人类智能的双重智能耦合体系。

学生需要通过观察生活中不同领域的变化，不断体会数字化学习与创新，借助更真实的情境、更直观的事物，更好地理解时代带给人们的变化。

案例

案例 3.1-3　最常说的话语

在不知不觉之间，人们的语言习惯已经潜移默化，过去人们最常说的话是：“你吃了吗？”“吃了。”而现在，人们更常说的是另外一句话：“这里有Wi-Fi吗？”有的时候还会加上另一句：“密码是多少？”不知不觉，人们的语言已经发生了变化，能上网成为很多人最常态、最离不开的一种底层需求。

而最近，人们发现另一句话出现的频次也越来越高。当人们去超市买日用品、去菜市场买菜时，结算时最经常听到的是这样的对话：“可以用支付宝或微信支付吗？”对方回复：“可以，请扫码。”这两句话出现的次数越来越多，说明人们越来越习惯移动支付方式。在生活中主动发现言语之间的微妙变化，是感知数字化时代变化的有效途径，也是洞察数字化时代特征最直接的方式。

学生除了观察到人们语言的变化，还会进一步发现身处数字化时代，日常生活中出现了各种各样的二维码，商城、饭店、超市、酒店，各种场所都出现了大大小小的二维码。二维码和物联网之间是什么关系？为什么一个简简单单的二维码，扫一扫就可以实现那么多功能？教师可以引导学生学习相关知识并制作二维码，让二维码出现在教室里、校园中，出现在教学活动之中，出现在各种不一样的空间里，让学生把在生活中发现的数字化变化迁移到校园中来。

对比不同时代人们生产、生活的方式与方法，人们也可以发现数字化时代的变化。在农业社会，一个人出行的方式，更多的是走路或坐马车；到了工业社会，人们出行的方式变为乘坐汽车、火车、飞机；而到了数字化时代，同样是乘坐出租车，人们通过打车APP就可以让司机直接上门载客。数字化时代建立在大数据、人工智能等技术基础之上，能最大限度地整合资源，提供给人们个性化需求。司机既可以是专职人员，也可以是空闲的私家车车主，打车APP会根据目的地、车型、载客时段（高峰时段还是闲散时段）动态给出价格。

案例

案例 3.1-4　滴滴打车与城市交通

早在2017年，滴滴打车就已经打破了每天完成2500万单，在高峰时间段每秒完成600个订单的记录，每个订单背后是数百万次的计算（图3.1-2），技术确实在帮助更多的人更快地打到车，这也是人工智能令人惊艳的一面。

图3.1-2　滴滴打车热区图

事实上，除了不断提升自身的效率和服务质量，滴滴还与全国20余座城市展开合作，携手解决拥堵问题——基于滴滴的人工智能和大数据技术，重新设计信号灯系统、车道系统等。以济南为例，在短短3个月的时间，在滴滴的帮助下，城市的拥堵时间减少了20%。科技创新已经极大地改变了中国，人们有多样化的需求、充足的市场和空间驱动创新，一些真正的创新也正在不断涌现出来。

（参考自《柳青做客〈罗斯访谈〉：让世界感知创新的力量》，腾讯科技，2017-10）

在不远的未来，人工智能技术高度发展，那个时候，可能人们打车等来的是自动驾驶汽车，机器人帮助开车，智能系统取代了人力。身处数字化时代的学生，需要不断发现生活中的转变细节，这些转变看上去让人觉得习以为常，但是只有抓住这些细节变化，学生才能够更好地感知数字化时代的学习与创新。数字化时代的学习与创新体现在变化之中，学生在不断的发现之中能够更精准地把握需求与未来发展的方向。

再比如，人与人之间面对面通过声音传递进行语言交流。在农业时代，声音信息难以保留和传递下来，只能转化为文字记录保留下来；到了工业时代，电话的出现使人们可以不受距离限制进行通话，语音交流便捷了许多；而到了数字化时代，人们开始使用智能手机直接打电话，或使用社交平台发送语音消息，人们不仅可以直接发送语音信息，可以保存起来重听每一条语音信息，还可以将语音直接转化为文字，所有这些交互信息都可以保存在云端，在本地可以随时随地调取。

人们不断地在使用手机，也在不断地重塑手机，这也是数字化时代个性化的一个鲜明而又独特的细节。也许人们用的手机品牌一样、版本一样，但是一段时间之后，每个人的手机必然完全不一样：每个人下载的手机应用程序不一样，应用程序存放的位置不一样，应用程序里面的信息也完全不一样。与其说人们买了一个一模一样的工业化制品，不如说人们在不断重塑一个数字化时代的个性化产品。个性化作为数字化时代的特征，总是会反映在这些时代的典型事物上，学生需要不断发现这些细节，从而更好地感知数字化时代的学习与创新。

三、感受技术带来的变迁

数字化时代，或者说信息时代，将是一个虚拟世界与实体世界相互融合的世界。

虚拟世界的基本单位是比特，实体世界的基本单位是原子；虚拟世界的传递方式是互联网，实体世界的传递方式是物流。虚拟世界与实体世界通过数据不断交织在一起，因此，数字化时代将不断去中介化、去中心化，以及个性化。

通过不断深入地感知数字化时代，学生了解到大量事实与信息，发现数字化时代的诸多转变，并形成正确、积极、乐观的情感、态度、价值观。

这是一个变化迅猛的数字化时代。以前，人们从未曾使用过的硬件、软件平台，就在几年后的今天，成为常态化使用工具，智能手机、平板计算机已经成为人们生活不可或缺的一部分，未来，各种想象不到的工具，也将出现在人们的生活中。

案例

案例 3.1-5　数据的单位与量级

如今，人们已经进入了数据的ZB①时代。一般来说，一幅手机拍的照片大小为3~10 MB，一部高清电影大小为500~1000 MB，智能手机的存储一般为30~300 GB，笔记本计算机的存储空间在250 GB~2 TB之间……

从Byte到XB，反映的是层级不断递增的数据量：

1B（Byte字节）

1 KB=2^{10} B=1024 B

1 MB=2^{10} KB=1024 KB = 2^{20} B

1 GB=2^{10} MB=1024 MB = 2^{30} B

1 TB=2^{10} GB=1024 GB = 2^{40} B

1 PB=2^{10} TB=1024 TB = 2^{50} B

1 EB=2^{10} PB=1024 PB = 2^{60} B

1 ZB=2^{10} EB=1024 EB = 2^{70} B

① 1 ZB=2^{70} B。

$1\ YB=2^{10}\ ZB=1024\ ZB = 2^{80}\ B$

$1\ BB=2^{10}\ YB=1024\ YB = 2^{90}\ B$

$1\ NB=2^{10}\ BB=1024\ BB = 2^{100}\ B$

$1\ DB=2^{10}\ NB=1024\ NB = 2^{110}\ B$

$1\ CB= 2^{10}\ DB=1024\ DB = 2^{120}\ B$

$1\ XB= 2^{10}\ CB=1024\ CB = 2^{130}\ B$

学生进一步体会数字化时代带来的主观感受，这种不断体会、学习、反思的方式，有助于将“数字化学习与创新”的意识进一步内化。学生需要意识到变化刚开始会带来主观的紧张感，会改变时代进步的节奏，加快城市化进程和人们工作、生活的节奏，但也没有必要因为变化太快而产生迷茫感，不必因为数字化时代层出不穷的新兴技术而不知所措、无所适从。学生进一步了解、反思产生的主观感受，能更清楚地知道如何在数字化时代进行有效的决策与选择。学生不必担心今天学习的知识在一年之后因软件淘汰、设备出局而落伍，要关注学习过程带来的内在素养的提升，不限定于具体的工具与手段，而是在不断的学习与创新中形成内在能力。

如今，互联网技术造就了一个个性化、便捷的世界，与此同时，网络上每一次浏览也都被记录下来：有些是人们自愿暴露的信息、分享的动态、发表的观点；而有些则是被动记录下来的，例如浏览网页的历史等。很多时候，人们愿意奉献出自己的隐私，以获得更好的个性化服务和更充分的人际交互，但是，隐私泄露这一洪流却在冲击所有的隐私，包括人们最后的底线。这是数字化时代带来的两难问题，是新的空白地带，人们应该如何去重新定义？

数字化时代给人们带来了各种各样的主观感受，也包括迷茫的错觉。学生只有直面这些感受，才会有更进一步的认知。第二次工业革命刚刚开始时，英国作家查尔斯·狄更斯在《双城记》里这样写道：“这是最好的时代，这是最坏的时代，这是智慧的时代，这是愚蠢的时代；这是信仰的时期，这是怀疑的时期；这是光明的季节，这是黑暗的季节；这是希望之春，这是失望之冬；人们面前有着各样事物，人们面前一无所有；人们正在直登天堂，人们正在直下地狱。[7]”面对工业革命刚刚起步，新的思想浪潮不断冲突碰撞，查尔斯·狄更斯的笔下描绘着不同人们的心境，也彰显出人内心的复杂与矛盾。而如今，新的浪潮正在袭来，计算机、互联网、物联网、人工智能等一些系列技术革新正在改变着各行各业，人们恍惚觉得，此刻也处于这样一个最好、也是最坏的时代。

科技人文观察学者凯文·凯利曾说过：“我们应该去倾听技术，研究它工作的方式，这就是当今最强大的力量之一。”面对新事物、新变化，人们可以去抓住它、把握它，不仅仅要看见眼下最新的技术，更要对现在和未来有更充分的感知与把握。

每一项新技术都有助于人们看见即将来临的未来的轮廓，当人们试着去感知、去体验每一项新技术时，可能感受到的是一份深深的震撼，抑或是不可思议的遥远的距离，然后，这一项项新技术，就像一块块拼图，能拼接出未来的图景。

第2节 尝试进行数字化学习与创新

数字化时代的学生，要能够在数字化环境中协同学习，与学习伙伴分享知识，养成创新的习惯。

学生通过学习不断提升数字化学习与创新的核心素养，是一个循序渐进的过程，感知数字化时代的学习与创新是第一步，接下来探讨如何尝试进行数字化学习与创新，介绍了四种方法：基于搜索的探究、基于社交的协作、基于作品的创造和基于项目的挑战。

一、基于搜索的探究

在数字化环境下，学生更需要独立地进行自主学习。互联网上已经有大量的优质资源，但是这些优质资源并不会根据学生的内在需求直接出现在他们面前，而需要学生进行主动搜索。在这种新的环境下，学生虽然可以快速找到许多问题的答案，但是同时也需要教师引导他们提出更多问题，再进行深入的搜索、探究。学生可以在生活情境中不断发现问题，然后根据关键字搜索大量相关资料，通过这些信息不断地深入探索，这种学习模式和以往传统的学习方式相比有很大的差异。

案例

案例 3.2-1　百度与知乎

1999年年底，身在硅谷的李彦宏看到了中国互联网及中文搜索引擎服务的巨大发展潜力，抱着技术改变世界的梦想，他毅然辞掉硅谷的高薪工作，携搜索引擎专利技术，于2000年1月1日在中关村创建了百度公司。“百度”二字，来自于八百年前南宋词人辛弃疾的一句词：众里寻他千百度。这句话描述了词人对理想的执着追求。

知乎是网络问答社区，连接了各行各业的用户，用户分享彼此的知识、经验和见解，为中文互联网源源不断地提供多种多样的信息。准确地讲，知乎更像一个论坛：用户围绕着某一个感兴趣的话题进行相关的讨论，同时还可以关注兴趣一致的人。对于概念性的解释，网络百科几乎涵盖了人们所有的疑问；但是对于发散思维的整合，却是知乎的一大特色。

（参考自《实现广告化营收能力，知乎要在知识付费领域“换道起跑”》，搜狐网，2017-12-18）

采用百度和知乎两种不同类型的搜索途径进行探究会有什么不同？为什么有了百度之后，知乎还有生存空间？为什么有那么多人愿意花费时间进行答疑，贡献那么多高质量的答案？学生不仅可以采用百度与知乎进行基于搜索的探究学习，而且还需要在深度体验之后理性、客观地分析两者的优缺点和擅长的使用场景，在此基础上进一步地结合搜索结果进行信息的判断、评估以及相关信息的连接，只有这样，数字化学习才能够更加深入。

案例

案例 3.2-2　互动数据挖掘工具

目前有非常多的平台支持数据的挖掘和分析，例如，百度指数就是一个具备互动、数据挖掘功能的工具。人们可以在百度指数中输入任意关键词，设定观察的时间线，就可以看到在互联网上人们使用搜索引擎搜索该关键词的变化曲线。例如，搜索关键词“信息技术”“计算机科学”，搜索时间范围为2011年1月3日到2019年1月7日，搜索范围为全国，两个关键词的搜索指数就可以直观地呈现出来（图3.2-1）。

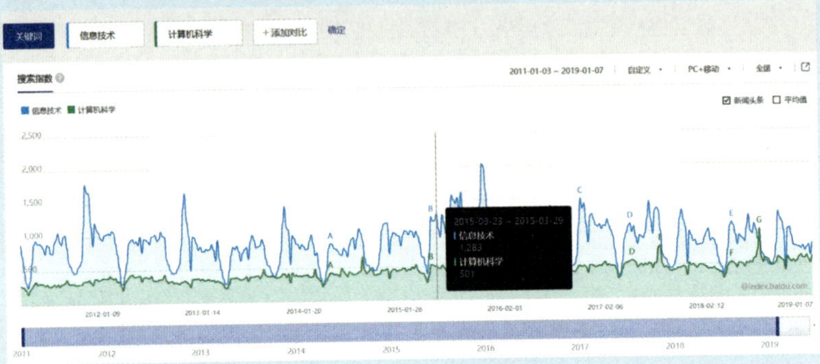

图3.2-1 “信息技术”“计算机科学”的搜索指数

百度指数不仅有互动数据挖掘功能，还提供多样化的互动地域分析以及用户画像功能。例如，百度指数可以分析不同地域的人们搜索关键词“信息技术”的搜索指数高低（图3.2-2），可以分析搜索“信息技术”可能的年龄段人群分布（图3.2-3），可以分析“信息技术”相关关键词的分布（图3.2-4）。

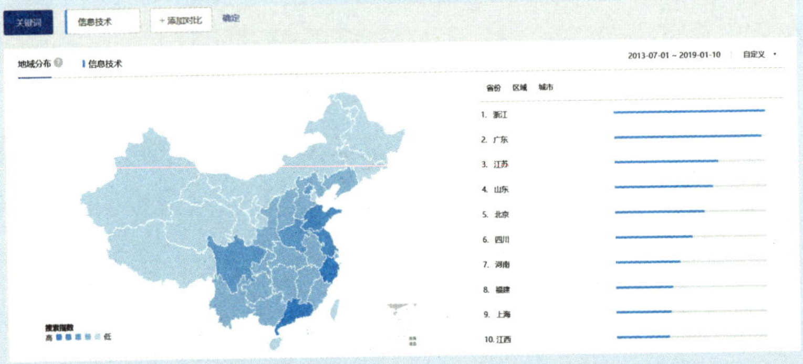

图3.2-2 各地域“信息技术”搜索指数

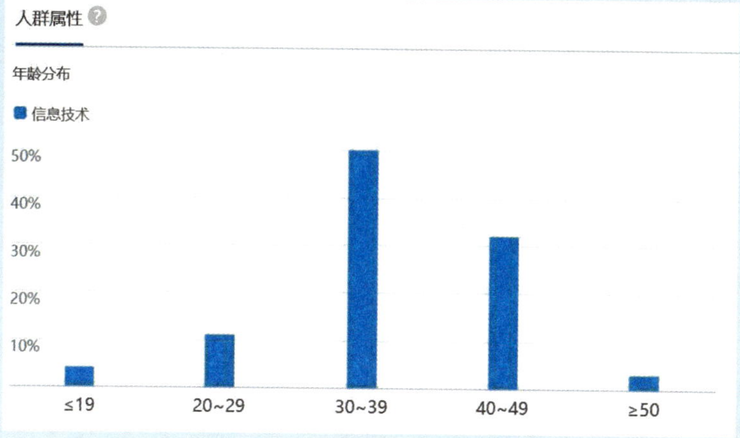

图3.2-3　搜索“信息技术”的年龄段人群分布

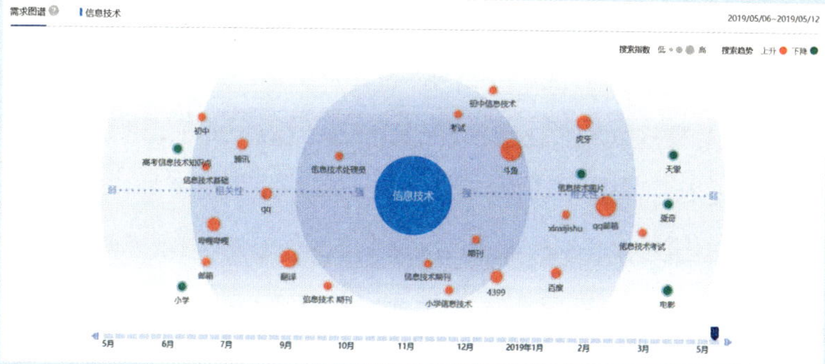

图3.2-4　“信息技术”相关关键词分布

体验基于搜索的探究，不仅限于搜索文字信息，还可以搜索背后的数据趋势。上面的案例中不仅搜索了关键词，还搜索了趋势以及相关关键词之间的联系，有助于分析数据，挖掘背后的规律。如今很多政府部门和机构都开放了数据，学生可以针对这些数据进行基于搜索的探究，发现各行业的发展趋势与相互关联。

案例

案例 3.2-3　以图搜图

以图搜图，是搜索引擎为用户提供的互联网上相关图形、图像资料的检索服务，是搜索引擎的一种细分服务，向搜索引擎提供图片链接地址或直接上传图片，即可搜索到相似的图片。互联网上图像数据日渐庞大，用户对网上图像搜索的要求也在不断提高，各种图像搜索引擎应运而生。图像搜索引擎的出现，使人们在网上搜索图像变得非常简单，尽管还不是很完善，但是已经可以满足大多数人的基本需求。

基于搜索的探究不仅限于文字，还有图片，这是基于大数据、图像识别、深度学习的新的搜索方式。购物平台淘宝采用以图搜图的方式，让客户可以在实体店对商品进行拍照，然后到网上购买。这种搜索方式甚至改变了消费模式，使得线下实体店变成了体验店。基于搜索的探究，可以让学生通过各种搜索方式，快速检索到大量不同类型的信息，也要求学生进行综合的判断与辨析，并根据任务或问题进行有效的梳理，形成自己的观点和结论。

二、基于社交的协作

学生加入特定的论坛、社区，可以通过直接发问的方式向网友寻求帮助，或参与特定主题的讨论。在网络社区中，来自不同地域的人们对各种主题进行广泛的探讨和交流，不受时间和空间的限制。这种数字化学习的方式与传统的学习方式有很大的不同，学习的整个过程伴随着社交，学生需要打造自己的数字化身份，塑造自己在不同社交平台上的形象。学生的学习过程需要融合不同人的不同观点，甚至需要跨文化的交流，在学习过程中不断分享、沟通，进入特定领域的社交圈。基于社交的协作，不仅带给学生多元的视角与观点，而且促进他们在某个领域内形成专业的学习共同体。

开源社区提供了一种新的交互模式，借助这类数字化平台，学生可以进入共享社区，不仅可以借鉴别人的源代码，还可以进行修改、再创作，思考如何创造更有价值的共享源代码。借助数字化平台，学生体验到从学习者到创造者的角色转变，能更加勇敢地参与创新。

三、基于作品的创造

学生可以把创造数字化作品作为某段学习过程的主要目标，根据不同的情景，创造性地提出自己的设计方案，比较各种方案之间的优缺点，最终确定所要创造的数字化作品的形式和内容，逐步养成创新意识，充分运用各种数字化技术进行创造。新兴的开源硬件、三维打印机、激光切割机、数控机床等技术与设备为学生的创新提供了更广阔的空间，降低了创造的准入门槛，帮助他们更快完成作品，获得成就感。基于作品的创造，这种方式不仅注重学生学习过程中的持续自主“输入”，而且强调他们学习过程的“产出”。学生不仅是知识的消费者，也是知识的生产者[2]。

案例

案例 3.2-4　设计一种新的社交媒体

社交媒体在生活中扮演着非常重要的角色，当人们的沟通方式发生变化时，社会也随着变化。社交媒体并不是一成不变的，主流社交媒体隔一段时间就会发生变化，从腾讯的QQ，到微博、微信，主流社交媒体一直在变化。尝试设计一种新的社交媒体，进行需求分析、问题定位、模型设计、产品测试、试用反馈，评估其成为下一代主流社交媒体的可能性。

数字化创造往往需要分工协作，分工可以让效率大幅度提升：简单到生产一件衣服，从纽扣、拉链、布料，设计和剪裁都被细分开来；复杂到量产一部手机，从处理器、存储器、屏幕、电池、传感器以及其他各种芯片，成百上千的零部件被分配到全球各地分工生产。再复杂的产品都可以变成流水线上一件件可操作的零部件，虽然每一个人在参与分工合作的时候并不一定知道自己做的东西有何用，例如，生产螺丝的工厂不需要知道螺丝被用在什么地方，只需要严格地按照标准执行就可以了。这就是分工的好处，大家彼此不需要太多的沟通，只要按照标准完成每一步，就能够快速达到目标。信息时代中，数字化资源、平台与工具无处不在，虚拟与现实的边界日渐模糊，创造就是在已有的基础上直接根据新的目标进行重新“组合”的过程。

创意不是少数人专属的事情，它正在变成所有人需要保持的一种习惯，是需要人们不断自我发现的一种能力。在万物互联、数据互通、代码复用的时代，整个社会体系将再一次被重塑，未来，创意将成为最重要的工作方式。

四、基于项目的挑战

团队成员一起完成具有特定意义的项目，通过选定项目、制定计划、活动探究、作品制作、成果交流、活动评价等多个环节，创新性地完成项目挑战。借助数字化平台，团队成员既可以是身边的同学，也可以是来自世界各地的学习同伴；借助数字化资源，团队可以找到更多积木式创新的途径，对数字化资源进行重新整合；借助数字化工具，项目的主题跨度能够更加宽广与灵活，既可以是关系全球与人类命运的大话题，也可以是从身边实际出发的小问题。这种学习方式注重学生在整个项目完成过程中的协同配合能力，需要有比较明确的项目分工。基于项目的挑战，能充分运用各种数字化技术，使学生保持高效的沟通合作，并协作开展项目研究，在团队合作中不断完善解决方案，从而更加深入地在实践中实现团队创新。

案例

案例 3.2-5　发明想象中的可穿戴设备

人们已经离不开手机，手机甚至已经成为人们“身体”的一部分，进而，越来越多的可穿戴设备也开始挑战手机的地位，弥补手机作为“身体”一部分的不足。可穿戴设备，不只是方便穿戴，而且是成为身体的一个“器官”，让虚拟与真实的信息与人体融为一体。在未来，可穿戴设备将逐渐成为辅助人们学习的一种重要工具，它让信息离人们更近，让分享更真实自然，让交互方式更加多元。那么，如何发明一种新的可穿戴设备，它可以取代甚至超越手机的功能，进而成为日常生活中的必需品、“身体”的一部分？

可穿戴背心是一个可以参考的例子。在2015年4月的TED大会上，神经学家大卫·伊格尔曼(David Eagleman)带来了他的全新发明——一款传感背心（图3.2-5）。这款背心能够把听觉与触觉进行微妙的转化，也就是说，当传感背心“听见”各种声音之后，会转化为各种振动，人们只需要三个月左右的时间就可以适应这种振动，自动转化为大脑里对应的认知。这款背心还能够接收来自互联网的大量信息，David Eagleman现场演示了将互联网信息转化为背心上振动信号的过程。[8]

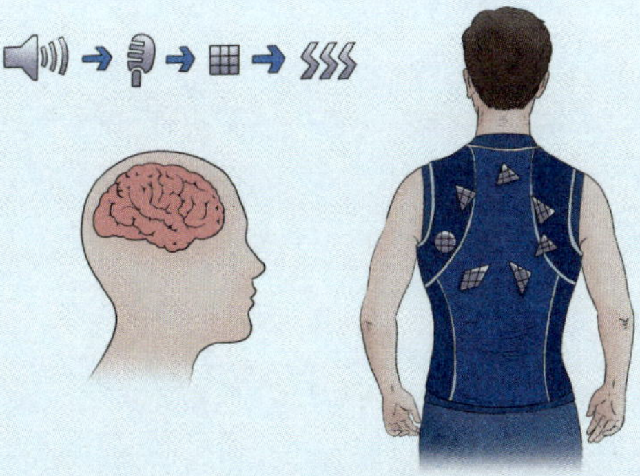

图3.2-5　传感背心

以上介绍的尝试数字化学习与创新的四种方法，不管对于个体还是群体都具备价值。数字化学习与创新有助于个体发展。在传统的学习环境中，学生往往受限于教材提供的内容，很难获取针对某一个专题的大量、有效信息，而掌握信息检索的方法，能有效甄别信息，就能够收集到有用的信息，突破过去资源有限的束缚。在学习与创新的过程中，学生对数字化信息再进行梳理和内化，产生认知，在创造数字化作品的体验中，全方位地提升自己的创新能力，实现自我的发展。

数字化学习与创新同样有利于群体。数字化学习打破了信息交流与协作的时空限制，不需要面对面就可以进行沟通与合作，小组成员可以建立便捷的线上项目研讨群组，通过各种智能终端随时随地进行讨论，灵活运用文字、图片、音频、视频等多种方式开展合作。学习过程中，小组成员及时将数字化作品分享到社交平台，促进群体的相互影响，实现共同进步，形成群体共识和群体智慧。

通过尝试数字化学习与创新，学生将逐步学会根据不同的学习目标、不同的学习领域和不同的学习内容选择合适的数字化平台，能够有效地进行线上与线下的合作交流，开展协作学习与创新。

第3节 运用迁移思维，创新改变世界

从感知、体验到迁移，学生不断提升自己评估、选用数字化资源与工具，管理学习过程与学习资源，创造性解决问题，完成学习任务，创作新作品的能力。

迁移思维，意味着从感知、尝试到举一反三，把从一个情境中习得的知识技能、情感、态度和价值观应用到不同情境中，并且在应用的过程中，不断生成新的创意与想法，进而改变周遭，改变世界。

一、连接多维数据，满足新需求

迁移思维，离不开对信息技术学科大概念的深刻理解，信息技术学科大概念包括数据、算法、信息系统、信息社会等。数据是描述事物的符号记录，是计算工具识别、存储、加工的对象，例如图像、声音、字符、数值等；算法是对特定问题求解步骤的一种描述，是一系列解决问题的清晰指令，精确的算法是计算工具有效计算的前提条件；信息系统是由用户、硬件/软件设施、数据构成的人机交互系统，合理设计和应用信息系统，可以更好地感知、传递、处理和应用信息；信息社会是通过创造、分配、使用、整合和处理信息进行社会经济、政治和文化活动的社会形态，其中的社会成员通过创新、高效地使用信息技术，以获得较高的个人或组织生存与发展优势。

学生要通过数字化学习持续、深化理解核心大概念，而不仅仅是停留于表面，只有这样，才能真正地迁移应用。例如核心大概念“数据”，现代化的数据到底指的是什么？人们获取了哪些数据？这些大量的数据带给人们怎样的一种思维模式？

案例

案例 3.3-1 从“千人千面”到“提前物流”

如今，大型网购平台都在推行个性化用户界面，这意味着每一个用户打开网购平台后看到的界面都是不同的，界面中包含的内容都是根据用户之前的购物习惯进行推送的。例如，淘宝的“千人千面”，就实现了每个人、每一天都能看到自己喜欢的个性化商品。“千人千面”的原理在于，平台通过收集用户大数据，给商品打上人机耦合的标签，每件商品都有众多结构化的标签。用户在浏览、收藏、购买“宝贝”的过程中，会与这些“宝贝”发生关联，这些“宝贝”随之被“烙”上标签，当系统需要给出推荐结果时，就会拿“用户身上的标签集”与“宝贝身上的标签集”进行比对，根据相似性给出推荐结果，这样就实现了“千人千面”（图3.3-1）。

图 3.3-1　千人千面

随着数据进一步完整和丰富，网购平台不仅可以提供个性化的界面和商品推荐，还可以预测用户想要购买的商品，这意味着“在商品还没有下单之前，这件商品已经在运往你家的途中”。

通过上面的案例，学生对核心大概念“数据”有了进一步的理解：数据不仅仅是结果的呈现、客观的字符，而且是动态生成的、可以用来预测和干预的大数据，正因为有了数据，大规模的个性化服务才有可能实现。

案例

案例 3.3-2　多维度的导航数据

现代城市的交通状况非常复杂，在这样的情况下，人们却可以便利地通过手机上的各类导航软件迅速查看拥堵情况，规划路线，这些导航软件是如何做到实时采集大数据，快速、准确判断道路拥堵情况的呢？实际上，为了获得更加准确的数据，这些导航软件往往会获取多维度的数据，这些来自不同维度的数据帮助系统更加精准地判断道路情况（图3.3-2）。导航软件主要获取三个维度的数据：第一个数据来源是出租车公司，出租车都配置了导航系统设备，通过这些设备获取实时数据进行反馈；第二个数据来源是交通管理局，现在国家交通设施逐渐完善，天网覆盖很多地域，可以获取实时路况数据；第三个数据来源是导航软件车主，他们根据车辆行驶状况将数据反馈给后台处理，以达到更新的目的。

图3.3-2　可视化导航

通过上面的案例，学生可以进一步深入理解学科大概念——“数据”。数据的来源维度不仅决定了数据的量级，而且让数据的价值凸显，进一步提升了利用数据进行分析、决策的准确度。大数据关注相关性，而非因果关系；大数据关注整体数据，而非单一数据；大数据通过数据推测事物之间的内在逻辑，提供给人们看待问题的全新视角。

身处互联网时代，学生要进一步理解数据，懂得算法，了解信息系统与信息社会，进而训练迁移思维：以互联网为载体，善用“互联网+”思维发现问题、面对问题、解决问题，懂得运用互联网开展自主学习、协同合作、知识分享与创新创造，提高终身学习能力。

“互联网+”思维带来的三层改变分别是信息共享、协作生产和集体行动。第一层是信息共享，指在平台上彼此分享信息，例如在微博更新博文、在微信发朋友圈等，大量的信息共享形成信息流，微博、微信、抖音都是如此。第二层是协作生产，这是一种更深入的合作形式，因为它增强了个人与群体之间的张力，检验是否是协作生产很简单：没有人能将所创造出来的成果归功于自己，如果没有其他人的参与，项目也不可能存在，信息共享和协作生产之间最大的结构性差别在于，协作生产至少涉及一些集体性决策。第三层是集体行动，信息共享仅仅让参加者集合起来，协作生产创造出群体的身份——你知道你在同谁合作，而集体行动是最难的一种群体行为，因为它要求一组人共同致力于一个特定的目标，而且协作的方式要求集体的决定对于每名个体成员都具有约束力，通过将个人的身份与群体的身份紧密结合起来，建立共同的责任。一直以来，只有政府部门、企事业单位才能组织集体行动，现在，人们借助互联网的力量，促进了无数集体行动。学生如何运用“互联网+”思维创造未来？

二、融合虚拟现实，延展新空间

信息时代，人们的生活离不开互联网，真实世界与虚拟世界逐渐融合。人们的观念不能只停留在虚拟世界只是电子游戏、网络游戏的认知层面，要明白人们在虚拟世界有虚拟身份，也有荣誉感、归属感，只有将现实与虚拟更好地融合在一起，协调一致，才能共同发展。在数字化学习与创新中要运用迁移思维，把虚拟世界纳入思考、创新的框架之中。

案例

案例 3.3-3　新的学习与创新空间：沉浸式虚拟现实

有这样一款头戴式虚拟眼镜，戴上它，你就可以走进虚拟世界，像在现实生活中一样，左右摆头就可以看清屏幕里的各个场景和角色，你抬头或低头，影像也会发生变化（图3.3-3）。这种沉浸式虚拟现实技术给予体验者非常逼真的视觉体验，打破了时间与空间的约束。借助整套沉浸式虚拟现实设备，学生可以选择很多世界上的不同景点，用一种“高空跳伞”的方式进入逼真的情境中，感受“真实”的空间，这些场景不仅限于著名的景点，还包括全球各大博物馆，用户戴上虚拟现实设备，就会立刻“来到”虚拟博物馆。此外，通过虚拟现实技术，学生还可以完成各领域（生物、物理、化学、地理等）的模拟实验。

图 3.3-3　沉浸式虚拟现实

虚拟现实还能够模拟现实中难以实现的场景，通过三维场景设计，创造出真实生活中不可能接触到的情境。例如，人们可以在虚拟现实中进行人体探秘，“站”在红细胞上，跟随着血液循环，“游历”不同的组织器官。这种学习带给学生一种完全不同的视角，学生通过亲历模拟的科学情境，可以更直观地感知、理解科学规律。虚拟现实可以用于复杂技能的训练，在医疗领域，虚拟现实逼真的三维设计，使得人体模型可以得到精确的模拟，能帮助医师进行精细动作的有效训练。

案例

案例 3.3-4　虚拟世界与现实世界的融合

《精灵宝可梦 Go》是一款现实增强宠物养成对战类角色扮演手游。有人为了抓住游戏中的小精灵长途跋涉；有人为了占领现实中的场地、虚拟场景中的道场聚集在一起；有人开着车抓精灵，撞上警车；有人为了抓精灵误闯民宅，甚至误入军事基地。各种各样的疯狂行为就这样发生了。

人们不是宅在家里玩游戏，而是走出去捉精灵、交友、聚会。“宝可驿站”（也叫精灵站）随机出现在游戏地图中的任何地方（公园、超市或其他热闹的地方），它对应着现实世界中的某一地标，“宝可驿站”隔一段时间便会刷新道具，玩家可以在此免费获得物品，例如精灵球、伤药与精灵蛋，“宝可驿站”正在变成一个人们聚会的地方。在训练师的角色达到5级后，就可以加入游戏中设立的3个对立阵营之一，与其他团队进行“道馆争夺战”，道馆可在游戏地图中找到，玩家加入阵营后，可分配自己的宝可梦进入道馆，每名玩家只能在每个道馆放置一个宝可梦，放入道馆的宠物是消耗性的，受伤的宠物会自己缓慢恢复血量，但是当宠物被消灭后便不会回到主人手里，同样也无法复活，所以玩家需要源源不断地捕捉、升级、培养宠物，再将它们投入阵营斗争的汪洋大海，以扩大自己阵营的优势。

《精灵宝可梦Go》是大规模、基于地理位置、虚拟与现实融合的娱乐方式，之后，出现了AR①红包、“摇一摇”“搜一搜”等类似的玩法。这种将虚拟世界融入现实世界的方式还可以进一步迁移到其他更多的场景中，激发学生更多样化的创新。

案例

案例3.3-5　混合现实

混合现实技术还处于技术开发与转化阶段，微软的HoloLens②虽然还不够成熟，但是具有一定的代表性。HoloLens全息眼镜融合了CPU③、GPU④和全息处理器，通过影像和声音，用户借助HoloLens以周围真实的环境作为载体，在图像上添加各种虚拟信息，在家中就能“遨游”世界。人们可以在客厅“游览”知名景点，甚至去火星“旅行”，这些都可以通过HoloLens实现。HoloLens内置一整套传感器，装有透明显示屏、立体音效系统，让用户不仅能看到周围的全息影像，同时也能听到来自周围的全息声音（图3.3-4）。

图3.3-4　全息投影设备HoloLens

---

① AR：增强现实，Augmented Reality的英文缩写。

② HoloLens：微软公司开发的一款头显混合现实头戴式显示器。

③ CPU：中央处理器，Central Processing Unit的英文缩写。

④ GPU：图形处理器，Graphics Processing Unit的英文缩写。

混合现实并没有脱离现实的场景，而是在现实的场景中叠加虚拟的元素。混合现实技术不断发展与成熟，将逐渐实现现实世界与虚拟世界的叠加和无缝对接，这不仅仅是在眼前多一块透明的屏幕，而是呈现整个虚拟的三维空间，这种“混合”将改变人类工作、生活与学习的方式。试想一下，人们所处的现实世界中的事物都可以叠加虚拟的信息，你在与别人聊天的时候，会看到全息景象中叠加了他人的信息，这将是一种全新的体验。

案例

案例 3.3-6　Gartner 的技术成熟度曲线

Gartner是一家权威的信息技术研究与分析公司，每年都会发布技术成熟度曲线，分析目前热门技术的发展阶段以及技术发展趋势。技术成熟度有5个阶段：科技诞生的触动期、过高期望的峰值期、泡沫化的低谷期、稳步爬升的光明期和实质生产的高峰期（图3.3-5）。

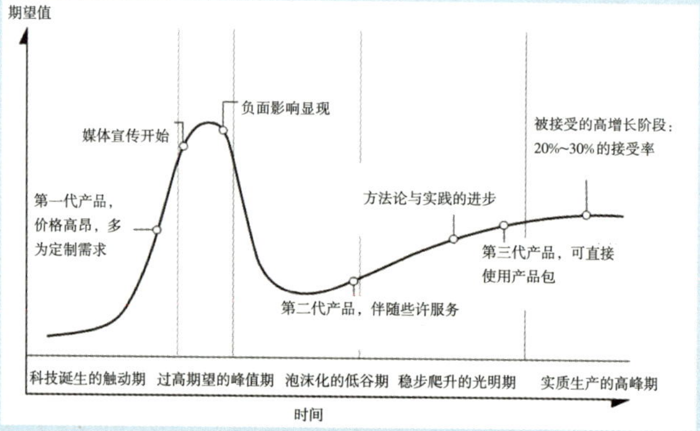

图 3.3-5　Gartner 曲线

三、运用人工智能，开拓新领域

学生通过感知数字化时代的学习与创新，体验数字化学习与创新模式，迁移数字化学习与创新的思维模式，在项目中不断学习与创造。学生通过评估并选用数字化资源与工具，有效地管理学习过程与学习资源，创造性地解决问题，从而完成学习任务，形成创新作品。在日新月异的数字化时代，学生是否做好了迎接新时代挑战的准备？

案例

案例 3.3-7　一个应用程序“办”一场画展

静静地看着下面这样一幅画（图3.3-6），你会为之动容吗？然而，这样一幅画，并非人工一笔一画绘制而成，也并非复制粘贴而来，而是用一个叫作Prisma的手机应用程序将原本的照片（图3.3-7）直接转换而成。

图3.3-6　Prisma生成的作品

图3.3-7　用手机拍摄的照片

当人们不断地用这个应用程序创作出作品的时候，会不由得被作品本身所震撼。虽然这些作品并非人们亲笔画出，但是这真的有关系吗？计算机不就是新的“画笔”，人工智能不就是新的“颜料”吗？人们还可以用各种各样的绘画软件进一步再创作，艺术从来就没有限定工具，恐怕最重要的不是人们用什么工具，而是人们是否在创新。新的范式在哪里？既然可以如此简单地迁移过去的范式，不需要笔墨，不限定时间，不拘泥于题材，那么人们是否可以创造出更精彩的作品？人们是否能够用这种方式，先给自己办一场别开生面的画展呢？

案例

案例 3.3-8　为你的声音建模

你还记得高德地图上不同明星的声音吗？以前，一般通过录制明星说话，然后配置到导航系统上；而今天，随着人工智能技术的发展，人们可以采用新的方式，仅仅用两分钟的录制声音，就可以为自己的声音建模，然后就会创建出很多自己没有说过的话，听上去与本人的声音一样（图3.3-8）。任何人都可以试一试，去创造自己的“数字化声音”。

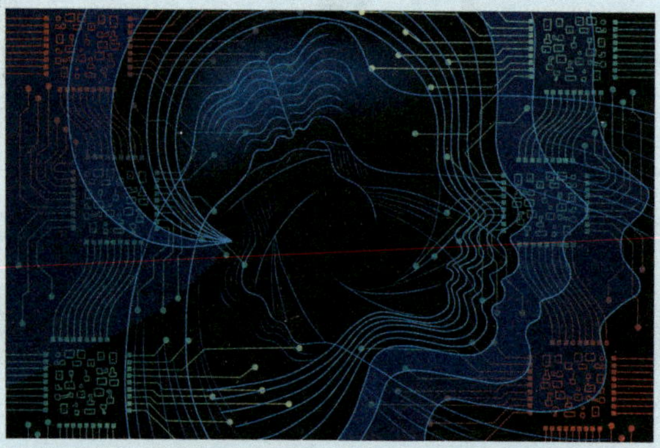

图 3.3-8　声音建模

Lyrebird网站提供为每个人创造自己数字化声音模型的服务。在网站注册后，选择自己喜欢的声音模型，然后开始根据屏幕上出现的文字朗读，经过10~20段音频的录制就完成了。这是一个典型的人工智能案例，通过机器学习技术完整地创造出一个人的数字化声音模型。

案例

案例 3.3-9　麻省理工学院媒体实验室

麻省理工学院媒体实验室成立于1980年，是一个关注于科技、媒体、艺术和设计融合的跨学科研究室，其使命为“创造一个更美好的未来”。媒体实验室直属于麻省理工学院建筑和规划学院，由麻省理工学院第十三任校长杰罗姆・B. 威斯纳和教授尼古拉斯・尼葛洛庞帝共同创办。老实验楼由著名的华裔建筑师贝聿铭设计，新实验楼由日本著名建筑师桢文彦设计。有意思的是，最初媒体实验室由一群不受各个学院待见、拿不到经费的研究者组成。他们的项目往往“诡异”“跨学科”“看上去不切实际”，这也引导了整个媒体实验室后面选择项目的风格。媒体实验室更加重视跨学科项目，重视别人不看重、短期内不一定有效益但未来却特别有意义的项目。媒体实验室的研究范围包括传媒、计算机、生物工程、纳米和人文科学等。现已成立的研究小组的研究方向有分子计算机、量子计算机、纳米传感器、机器人、数字化行为、全息技术、模块化媒体、交互式电影、社会化媒体、数字化艺术、情感计算机、电子出版、认知科学与学习、手势与故事、有听觉的计算机、物理与媒体、未来的歌剧、软件代理、合成角色、可触摸媒体（图3.3-9）以及视觉和模型等，所有这些研究内容都属于新兴交叉学科的范畴，具有前瞻性。

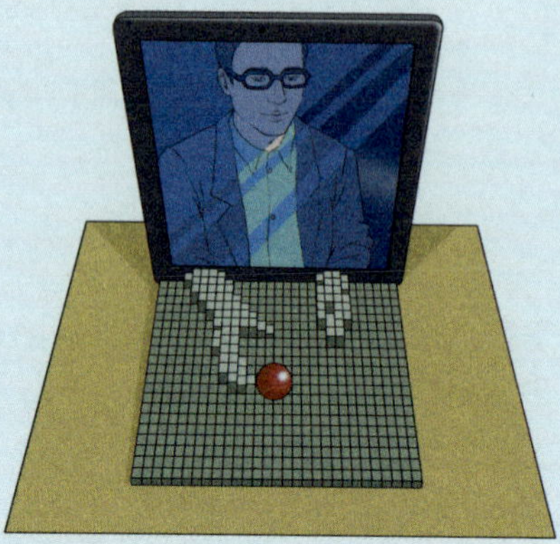

图 3.3-9　可触摸媒体

媒体实验室每年有300多个研发项目，今天人们用的触摸屏、电子墨水，以及儿童编程软件Scratch、车载卫星导航系统等，都来自于媒体实验室的最初项目。目前，媒体实验室的一些热门项目仍备受关注，例如：①可编程催化剂，纳米级的催化剂材料可以被电磁波控制以改变其方向及温度，这种可编程催化剂的发明可能引发生物工程、化学工业、制药工业新的革命；②超通信，新型点对点通信方式将有可能实现市区无线电话直接通话而无须无线运营商的基站；③可穿戴计算机，智能计算机可以被穿在身上，就像人们戴眼镜和穿衣服一样，可穿戴计算机扮演的就是一个智能化助手的角色；④便携式发电机，超小型便携式手动发电机可以为手机临时充电；⑤便携式激光投影仪，笔头大小的激光投影仪可用于手机和便携式计算机；⑥可触摸媒体，可远程“接触”的装置。信息技术的课堂，是否也能成为不断创新的实验室呢？

案例

案例 3.3-10　基于脑电波的新交互产品设计

Neocomimi是日本电子公司Neurowear研制出的一种猫耳造型头箍，是一款以女性和Cosplay[①]爱好者为目标用户的智能脑波产品。只要将其戴在头顶上，其中的脑电波传感器就会探测并自动分析探测到的脑电波，随着人类情绪起伏，“猫耳”会做出相应的动作。例如：集中注意力时，“猫耳”会竖起来；身心疲倦时，“猫耳”会平躺下来。随着脑电波检测技术的成熟，未来会有更多与脑电波检测相关的设备出现。例如，当人们戴上具有脑电波识别功能的耳机时，他们只要脑子里想到某首歌曲，甚至不需要知道歌曲的名字，耳机就会自动播放那首歌曲。

借助新的可穿戴设备，采集多维度的数据，灵活运用积木式创新组合，不断迁移应用，学生可以创造出各种各样的新产品，他们的创造将与世界同步。

人类运用迁移思维，不断创造出新事物，诸如语音交互与AI[②]伙伴、自动驾驶、柔性屏幕、智能医疗等。语音交互与AI伙伴将人与机器的交互方式拓展到人机直接对话，例如手机上的语言助手。此外，Google Home[③]、Alexa[④]语音助手等各类家庭语音助手已经开始普及，通过对话的方式它们就可以完成一系列的事情，逐步成为人们的伙伴。人工智能伙伴不是在智力上取代人、挑战人，而是更加个性化地与人合作，服务于人。现在，人工智能

① Cosplay：英文Costume Play的简略写法，意思是角色扮演。

② AI：人工智能，Artificial Intelligence的英文缩写。

③ Google Home：智能家居设备，可以通过语音控制家庭设备。

④ Alexa：一家互联网公司。

给你推荐一篇文章、一部电影，你很大概率都会多看几眼，未来，人工智能会帮助你作出更多决策，你会欣然接受吗？自动驾驶是当今的研究热点，辅助驾驶正在逐渐普及，虽然完全脱离人的自动驾驶还没有实现，但是也取得了突破性进展，无人出租车已经在很多地区试运行。自动驾驶所带来的改变，不只是个别交通工具的无人化，而且是大量成熟领域进一步重构无人化的新规则、新秩序、新模式。柔性屏幕可以随意折叠弯曲，这在过去一直都是概念性的产品，而现在都已变成现实，人们有望看到更多量产的、消费级别的柔性屏幕，开启新的“读屏时代”。各类可穿戴设备不断采集人体的生理数据，包括心跳、脉搏、血液循环、脑电波、汗液、睡眠质量等指标数据，这些数据不仅为远程医疗的实现提供了可能性，而且为新的伴随式医疗和嵌入式健康干预提供了新的解决方案。

信息技术学科有四个核心素养：信息意识、计算思维、数字化学习与创新、信息社会责任，在具体教与学的过程中，四个核心素养可以深入融合。信息意识重点反应一个人对于信息的敏感度和判断信息价值的综合能力与品质，在信息大爆炸的新时代，信息的增长并不能直接提升人们的“信息意识”。计算思维的内涵是个体运用计算机科学领域的思想方法，在形成解决问题的方案的过程中产生的一系列思维活动。数字化学习与创新是指个体通过评估并选用数字化资源与工具，有效地管理学习过程与学习资源，创造性地解决问题，形成创新作品的能力，是现代社会竞争力的关键要素。信息社会责任的内涵表现在社会成员需要正确理解人、信息技术和信息社会的关系，遵守其中的规则与要求，促进信息社会的发展，担负起信息社会成员的责任，信守信息社会的道德与伦理准则，在现实空间和虚拟空间中遵守公共规范，并以积极、开放的心态，理性判断，参与共建，树立信息时代的价值观。

运用迁移思维，创新改变世界，相信学生在不断的数字化学习与创新中能够适应时代的发展，推动社会的进步。在数字化环境中，学生要积极、主动地利用数字化资源进行学习和创新活动，能够发挥数字化学习环境的优势，有策略地降低数字技术应用的局限性，能够在数字化环境中协同学习，与学习伙伴分享知识，养成创新的习惯。

参考文献

［1］李锋，赵健．高中信息技术课程标准修订：理念与内容［J］．中国电化教育，2016（12）：4-9．

［2］杨晓哲，任友群．高中信息技术学科的价值追求：数字化学习与创新［J］．中国电化教育，2017（1）：21-26．

［3］李锋，柳瑞雪，任友群．确立核心素养、培养关键能力——高中信息技术学科课程标准修订的再思考［J］．全球教育展望，2018（1）：46-55．

［4］杨晓哲，任友群．数字化时代的STEM教育与创客教育［J］．开放教育研究，2015（5）：35-40．

［5］智能水杯提醒你：该喝水啦［J］．军事文摘，2015（24）：20．

［6］克里斯·安德森．创客：新工业革命［M］．北京：中信出版社，2012年．

［7］查尔斯·狄更斯．双城记［M］．石永礼，赵文娟，译．北京：人民文学出版社，1993年．

［8］杨晓哲．五维突破：互联网+教育［M］．北京：电子工业出版社，2016年．